E. N. IMHAUS

LES

Nouvelles-Hébrides

AVEC UNE CARTE ET SEPT GRAVURES

BERGER-LEVRAULT ET Cie, LIBRAIRES-ÉDITEURS

PARIS	NANCY
5, RUE DES BEAUX-ARTS	MÊME MAISON

1890

LES

NOUVELLES-HÉBRIDES

7   10

NANCY, IMPRIMERIE BERGER-LEVRAULT ET Cⁱᵉ

NANCY, IMPRIMERIE BERGER-LEVRAULT ET Cie

INDIGÈNES DE MALLICOLO

d'après une photographie du Dr ORMIÈRES.

E. N. IMHAUS

LES

Nouvelles-Hébrides

—

AVEC UNE CARTE ET SEPT GRAVURES

BERGER-LEVRAULT ET Cie, LIBRAIRES-ÉDITEURS

PARIS	NANCY
5, RUE DES BEAUX-ARTS	MÊME MAISON

1890

A

MONSIEUR LÉOPOLD MABILLEAU

Permettez-moi, cher Monsieur, de mettre ce livre sous votre amical patronage. Vous m'y avez d'avance autorisé par l'intérêt que vous y avez pris et que vous m'avez prouvé en me prêtant l'appui de vos conseils et de votre expérience.

Aussi suis-je heureux d'inscrire ici votre nom, en y joignant un sincère témoignage de sympathie et de gratitude.

E. IMHAUS.

Paris, décembre 1889.

AVANT-PROPOS

Le but de cet ouvrage est de faire connaître un pays dont on ne s'est guère occupé jusqu'à ce jour : quelques articles de journaux et de revues, la plupart passionnés et inexacts, un court chapitre dans un livre consacré à notre politique étrangère, voilà à peu près tout ce qu'on a écrit sur les Nouvelles-Hébrides. En France, en Europe même, on ignore tout de ces îles, que deux puissantes nations sont en train de se disputer.

C'est ce qui m'a décidé, après avoir parcouru le monde pendant plusieurs années comme *Globe-Trotter*, à ne recueillir mes souvenirs que sur ce petit coin de l'Océanie, — qui ne mériterait point sans cela une aussi exclusive attention.

L'archipel des Nouvelles-Hébrides est, avec les îles Salomon et la Nouvelle-Guinée, — dont il n'est d'ailleurs qu'un prolongement, — le seul qui ait conservé dans l'Océan Pacifique le caractère sauvage de la nature primitive. L'insalubrité de ces trois groupes, qui se modifiera par la colonisation, est sans doute la raison principale à laquelle il faut attribuer l'isolement où ils sont restés, alors que toutes les autres parties de l'Océanie s'annexaient et se civilisaient.

La question des Nouvelles-Hébrides présente de plus une véritable actualité en ce moment, par suite de l'intervention de l'Angleterre qui, là comme ailleurs, suit d'un œil jaloux le développement de l'influence française.

Ce qui n'est pas à elle ne doit être du moins à personne : tel est son principe en matière coloniale. Par malheur nous ne lui facilitons que trop la tâche par notre instabilité gouvernementale. Il en est et en sera probablement des Nouvelles-Hébrides comme du Tonkin et de Madagascar, qui ont donné naissance depuis quelques années à la fameuse « question coloniale » : le ministre d'aujourd'hui, comme ceux d'hier et de demain, se trouvant sans opinion sur les points en litige, attendra d'être amené à s'en faire une par le hasard des circonstances ou les engouements du sentiment public. Comment en userait-il autrement ? Il ne pouvait étudier utilement la question avant d'être au ministère, et, quand il commencera à la connaître, ce sera pour lui le moment de quitter le pouvoir. Il sera donc par la force même des choses poussé dans une voie qu'il n'aura pas choisie, et d'où il ne sortira pas à son gré.

Quant au Parlement, il s'en rapportera à son ministre, et prendra sa part d'une responsabilité dont il croira se dégager suffisamment en renversant le cabinet si l'affaire vient à mal tourner.

C'est ce qui s'est passé entre le ministère Ferry et la majorité après les déplorables événements de Lang-Son, — et c'est ce qui se passera encore, à la première occasion, sur tous les points où nous sommes engagés.

On s'est laissé entraîner peu à peu dans l'expédition du Tonkin sans savoir où on allait, ni si les traités dont on réclamait l'exécution valaient les sacrifices à prévoir, ni même s'il n'était pas préférable d'y renoncer franchement en réclamant certains avantages.

La responsabilité s'est égarée dès le début; aujourd'hui encore il est impossible de dire à qui elle remonte et qui nous a jetés dans cette affaire.

Un beau jour, l'honneur du drapeau s'est trouvé

en cause: il était trop tard pour reculer ; il a donc fallu aller de l'avant et on l'a fait au hasard, sans conviction comme sans prévision. On parlait encore de « quantité négligeable » quand on avait devant soi les masses formidables et bien armées que la Chine lançait sans peine contre nous.

Ce n'est qu'au lendemain de Lang-Son qu'on s'est vaguement rendu compte de la portée de l'expédition.

On a alors fini par où l'on aurait dû commencer, c'est-à-dire par réunir une commission parlementaire devant laquelle ont été appelés tous ceux qui connaissaient le pays et la question.

Les révélations apportées là par les anciens gouverneurs et les amiraux ont stupéfié tout le monde. Un des plus optimistes disait catégoriquement : « La possession du Tonkin, c'est 50,000 hommes et 100 millions par an. »

Dès lors on n'a plus songé qu'à s'en tirer au meilleur compte.

Et comme conclusion, on a été bien heureux d'accepter les traités qu'on avait refusés avant de se battre, en sorte que tant de sacrifices d'hommes et d'argent sont restés inutiles.

Si encore tout était fini là ! Mais, depuis que la paix

a été signée, il n'arrive pas un convoi qui n'apporte des nouvelles d'engagements plus ou moins meurtriers. Dernièrement les dépêches officielles nous apprenaient que c'est le licenciement des « troupes régulières chinoises qui a amené une recrudescence d'hostilités ».

Et nous sommes en paix !

Que serait-ce donc si la guerre était déclarée ?

On a récemment imaginé que nous n'aurions pu garder la Cochinchine si nous n'avions annexé le Tonkin.

Hélas ! il se pourrait bien qu'au lieu du territoire neutre qui servait auparavant de « tampon » entre nous et la Chine, nous n'ayons préparé à celle-ci la route pour arriver à notre colonie !

Vraiment nous oublions trop que toutes nos forces doivent être concentrées chez nous par suite de nos aspirations nationales, et même, s'il faut tout dire, par suite des dangers qui nous entourent. Nous avons les mains liées : or il n'est pas un partisan de l'annexion qui puisse se dissimuler que, le jour où nous serions occupés en Europe, il nous faudrait évacuer le Tonkin au plus vite et renoncer du même coup au bénéfice de tous les efforts que nous y avons faits.

Car c'est à tort qu'on a comparé le Tonkin à l'Algérie : en Afrique nous n'avons pas de voisins dangereux ; en Asie, au contraire, nous confinons à un État de près de 400 millions d'habitants, mordu sur le tard d'un prurit d'ambition, pressé par le besoin de s'ouvrir des ports et des débouchés sur l'Europe, et fondé d'ailleurs à considérer le Tonkin comme une dépendance naturelle de son territoire. L'Angleterre, abritée dans son île, peut s'attacher en Asie à des conquêtes coloniales que sa marine lui permettra toujours de garder ; pour nous, la difficulté n'est pas de conquérir, mais de défendre et de conserver.

Évitons donc d'entreprendre au-dessus de nos forces en poursuivant la création d'un empire colonial dans l'Extrême-Orient.

Nous serions peut-être plus sages en cherchant des compensations dans des conquêtes moins vastes et plus certaines. Notre effort eût été plus utile à Madagascar, que nous avons pour ainsi dire abandonnée à la même époque, et même aux Nouvelles-Hébrides, dont la prise de possession n'eût réclamé que 200 hommes. Madagascar nous appartiendrait certainement si nous y avions envoyé la moitié des forces dépensées au Tonkin, et nous y serions chez nous. Quant aux Nouvelles-Hébrides, nous les posséderions depuis longtemps, malgré la fameuse convention de 1878, si nous avions seulement profité des annexions faites par l'Angleterre *depuis cette convention,* en Nouvelle-Guinée et ailleurs, pour réclamer aussi notre part. Nous avons toujours laissé passer les occasions, et cela pour les raisons données plus haut ; puis, quand nous avons voulu agir, nous l'avons fait à contre-temps. De là notre infériorité et notre délaissement.

Mais ce sont là des considérations bien générales. J'ai hâte d'en venir à mon sujet où l'application ne se fera que trop facilement d'elle-même.

Puissent les renseignements que j'ai directement recueillis sur ces îles être de quelque utilité à ceux que leur curiosité ou leurs intérêts conduiront de ce côté !

La question ethnographique, l'une des plus intéressantes que soulève la description du pays, eût mérité plus de développement encore que je n'ai pu lui en donner. Je me suis borné à condenser les hypothèses et les faits exposés jusqu'à ce jour, en y apportant quelques arguments nouveaux qui résultent moins de connaissances ethnologiques que d'observations de voyageur.

J'ai négligé, pour ne pas dire omis — à dessein — le côté personnel de mes voyages. J'aurais pu raconter mainte aventure survenue au cours de mes navigations, coups de vent ou naufrages, maint incident amené par mes relations, voire même mes différends avec les indigènes ; je ne l'ai pas voulu, ne faisant point ici œuvre d'art ou d'imagination, mais d'exactitude et de sincérité.

Il importe peu au lecteur que le narrateur ait levé l'ancre à telle heure, qu'il ait eu vent contraire ou favorable, qu'il ait été plus ou moins secoué par le mauvais temps, qu'enfin il ait bien ou mal déjeuné, tous détails où se complaisent trop souvent les narrateurs de courses lointaines.

J'imagine qu'on lit un livre de ce genre plutôt pour connaître la nature du pays, les mœurs de ses habitants, ses productions et son avenir, que pour étudier les habitudes du voyageur.

De là la forme peut-être un peu sèche de mon récit, qui vise moins à exciter l'intérêt esthétique qu'à laisser un souvenir précis et utile des objets décrits.

Je n'ai aucune prétention d'auteur en l'écrivant, et je me trouverai trop heureux si j'ai pu inspirer à un seul lecteur quelque sympathie pour des pays et des entreprises qui ne sauraient être indifférents à la France.

E. IMHAUS.

Décembre 1889.

LES

NOUVELLES-HÉBRIDES

––––––––––– ◎ –––––––––––

CHAPITRE Iᵉʳ

GÉOGRAPHIE. — COMMUNICATIONS. — LA MER

ET LES PORTS

––––––––

I. — Géographie.

On appelle Nouvelles-Hébrides un groupe d'îles situées sur les confins de la Mélanésie et de la Polynésie, entre 13°4′ et 20°15′ de latitude sud, 164°10′ et 167°50′ de longitude est, — c'est-à-dire au nord-est du grand continent australien, vers le centre d'un cercle dont les îles Santa-Cruz, Viti et la Nouvelle-Calédonie marqueraient à peu près la circonférence.

Cet archipel, découvert en 1606 par Quiros, n'a été dénombré qu'à la fin du dernier siècle. Au mois de mai 1768, Bougainville le parcourait dans toute son étendue, et changeait le nom d'*Espiritu Santo,* donné par le navigateur espagnol à la terre où il avait abordé et qu'il prenait pour un grand continent, en celui de *Nouvelles-Cyclades,* qui devait désigner tout le groupe. Cook survint en 1774, qui releva plus exactement les îles déjà connues, en découvrit d'autres, et leur imposa la dénomination de *Nouvelles-Hébrides* qui a prévalu.

Elles sont au nombre d'une vingtaine et font partie d'une même chaîne sous-marine affectant la forme d'une ellipse allongée. Deux amas distincts s'y détachent : l'un au sud, à peu près compact; l'autre au nord présentant deux antennes, Mallicolo et Santo à l'ouest, Pentecôte et Aurora à l'est, entre lesquelles s'ouvre une grande baie.

Le groupe du Sud comprend : *Annatum, Erronan, Tanna, Aniva* et *Erromango;* au centre, *Sandwich* autour de laquelle semblent graviter toutes les autres; puis, dans la direction du Nord, les trois îles *Berger, Mai* et des *Deux-Collines;* ensuite *Api, Paama, Lopévi Mallicolo, Ambrym, Aurora* ou *Maévo, Pentecôte, Aoba, Saint-Barthélemy* et *Santo* (l'*Espiritu Santo* de Quiros); enfin tout au nord les *Torrés* et les *Banks.*

La superficie totale de ces îles n'a jamais été relevée exactement: je ne sais trop sur quels calculs s'appuient les géographies les plus récentes pour la fixer à 13,227 kilomètres carrés; mes données, assez approximatives d'ailleurs, me permettent de la porter à un chiffre supérieur à 15,000.

On se fera une idée de cette étendue en la com-
parant à celle de la Nouvelle-Calédonie qui est un
peu moindre (14,850 kilomètres carrés).

Cook évalua la population des Nouvelles-Hébrides
à 200,000 habitants; mais ce chiffre, s'il a jamais été
exact, a singulièrement diminué depuis vingt ans,
surtout par suite des maladies et des émigrations
de travailleurs. Élisée Reclus l'abaisse à 63,750. La
statistique que nous avons essayé de dresser, île par
île, d'après les témoignages les plus certains, nous
autorise pourtant à relever ce total : il faut compter
de 75,000 à 80,000 habitants pour la seule population indigène.

L'île Sandwich est le quartier général de l'archipel, le point. où aboutissent toutes les communications avec le dehors. Elle est située à 300 milles de
Nouméa. Pour s'y rendre, la traversée est facile,
grâce aux vents alizés qui soufflent du Sud-Est et
règnent pendant neuf mois de l'année. Pour la même
raison, le retour est souvent contrarié et la durée
sensiblement allongée.

II. — Communications.

Les communications se font par des schooners ou petites goëlettes appartenant à des trafiquants de Nouméa ou des îles. Depuis le mois de janvier 1887, le gouvernement français a subventionné un service mensuel de Nouméa à l'île Sandwich et Mallicolo, et même, éventuellement, jusqu'au nord de Santo. C'est le *Calédonien*, vapeur dont le fret est d'environ 90 tonnes, qui est actuellement chargé de ce courrier.

De leur côté, les Australiens ont, dans le courant de la même année, inauguré une ligne semblable (un bateau par mois) de Melbourne aux Fidji avec escale aux Nouvelles-Hébrides. Leur but a évidemment été de lutter contre le développement de l'influence française dans ces îles et de détourner à leur profit le commerce d'importation et d'exportation auquel elle donne lieu.

Enfin, un grand nombre de bateaux recruteurs, venant des Samoa, des Fidji, du Queensland, relient l'archipel à ces divers pays.

III. — La Mer et les Ports.

Les Nouvelles-Hébrides sont visitées presque chaque année par de violents cyclones qui rendent la navigation dangereuse pendant la saison dite des coups de vent. Cette période est généralement comprise entre le 15 décembre et le 15 avril; mais on a constaté, il y a quelques années, une sorte de cyclone à la fin de novembre et un autre dans les premiers jours de décembre; en 1886, il y en a eu un très caractérisé le 25 avril. On peut donc considérer que le danger persiste pendant six mois de l'année. Le reste du temps la mer ne présente pas de grandes difficultés. Contrairement à la constitution de la plupart des groupes d'îles de ces régions et notamment de la Nouvelle-Calédonie, les abords des Hébrides ne sont point encombrés de massifs coraillers. Il faut pourtant y noter le grand récif de Cook, entre l'île Sandwich et les Trois-Iles, et quelques affleurements voisins touchant la côte sur divers autres points. L'un des principaux est celui des Masculines dans le sud-est de Mallicolo.

Les marins trouvent partout des refuges au milieu

de ces îles qui brisent le flot et constituent une vraie mer intérieure.

Toutes les régions situées sous le vent possèdent des mouillages où peuvent s'arrêter indifféremment les bateaux : c'est seulement à l'approche des coups de vent qu'ils sont forcés de rallier les ports. Quatre rades offrent une retraite sûre par tous les vents et tous les temps. La meilleure est celle de Port-Sandwich, à Mallicolo, bien couverte et à petits fonds ; viennent ensuite celles de Port-Havannah et de Port-Villa ou Franceville, à l'île Sandwich. La première semble avoir eu jusqu'ici la préférence des navigateurs : elle est parfaitement abritée, large et presque exempte de pointes de corail ; elle permet en outre de mouiller très près de terre. Mais les fonds en sont très grands et de tenue médiocre. La rade de Port-Villa, plus resserrée, protège mieux les navires ; malheureusement elle est parsemée de récifs coraillers. Port-Havannah garde en somme la supériorité.

Il existe enfin un quatrième port dans le nord de Santo, Port-Olry, qui offre un mouillage très sûr dans une crique formée par l'embouchure d'une petite rivière. Quant aux deux mouillages de Tanna, Port-Résolution et Sangalie, que certains voyageurs (M. Le Chartier entre autres) déclarent excellents, ils sont devenus très difficiles à cause des soulèvements volcaniques qui ont changé les fonds.

Qu'il nous soit permis, en terminant, de dénoncer la façon incohérente et illogique dont s'est faite l'attribution de ces noms : Port-Havannah et Port-Villa se trouvent dans l'île Sandwich, tandis que Port-Sandwich est dans Mallicolo.

Ajoutez à cela la confusion qui peut naître entre ladite île Sandwich, centre des Nouvelles-Hébrides, et les îles Sandwich, capitale Honolulu, situées dans le nord-est de la Polynésie. Les géographes auraient prévenu plus d'une erreur en coordonnant mieux les désignations qu'ils adoptaient et rendaient officielles.

CHAPITRE II

I. — Nature du sol.

La constitution géologique des Nouvelles-Hébrides est à la fois madréporique et volcanique. Les bords en sont formés de massifs coraillers qui se sont agglutinés sans doute autour d'amas primitifs de roches plutoniennes.

On y compte trois volcans encore en pleine activité : ceux de Tanna, de Lopévi et d'Ambrym. Le volcan de Tanna, qui a été le but spécial d'une de nos explorations, possède des solfatares. Sa hauteur est de 350 mètres ; le diamètre de son cratère, de un kilomètre environ. On peut, des bords même de ce cratère, plonger ses regards dans sa fournaise, ce qui n'est possible pour aucun autre volcan, à ma connaissance.

Celui de Lopévi est assez élevé, 5,000 à 6,000

pieds pour le moins. On ne l'a jamais exploré. Il
ressemble de loin au Krakatoa et au Stromboli.
L'île tout entière ne forme qu'une pyramide dont il
tient le sommet. Celui d'Ambrym, très haut et très
étendu, n'est pas connu davantage.

Les indigènes ont grand'peur des volcans : la superstition se joint à l'ignorance pour leur faire redouter les étranges phénomènes auxquels ils donnent lieu.

Dans tout l'archipel la terre est d'une remarquable
fertilité. Il est facile d'y faire quatre récoltes de maïs
par an. Certaines régions livrées à la culture régulière
présentent une couche d'humus qui atteint jusqu'à
deux mètres de profondeur. On retrouve la même
qualité de sol avec plus ou moins de profondeur dans
les îles situées au nord de Port-Sandwich ; celles qui
s'étendent au sud, Annatum, Tanna et Erromango,
fournissent des terrains de valeur moindre dont les
productions sont différentes. Annatum rappelle d'assez près la partie méridionale de la Nouvelle-Calédonie, son sol rouge, avec ses vallées onduleuses et
ses bois espacés.

Le reste de l'archipel a une physionomie assez
particulière, très distincte de celle que présentent
les Fidji et les Samoa, terres vertes, touffues, aux
côtes basses. Ici, grâce à la nature volcanique des
terrains, le rivage est plus découpé, le paysage plus

accidenté. Une végétation épaisse et sauvage couvre
les plaines et les montagnes de forêts et de *brousses*
qui s'étendent jusqu'aux bords de la mer. Aussi,
Quiros d'abord, Cook ensuite et la plupart des
voyageurs qui ont suivi se sont-ils extasiés sur
l'aspect pittoresque du pays : les uns donnent le
nom de paradis terrestre aux Hébrides, les autres,
à peine plus modestes, en proclament la fertilité et
la beauté supérieures à celles de Taïti. Il y a un peu
d'exagération dans cet enthousiasme, car les Hébrides sont restées à peu près sauvages.

Les Canaques vivent dans les bois et travaillent la
terre presque à couvert, ce qui fait qu'on ne s'aperçoit guère de leur travail. L'île Sandwich est la seule
qui offre des essais de grande culture tentés par les
blancs. Partout, et en très peu de temps, on a recueilli des produits magnifiques. Les Nouvelles-Hébrides peuvent donc être comptées parmi les plus
fertiles contrées des latitudes tropicales. Elles l'emportent sûrement, à cet égard, sur Maurice et la
Réunion, peut-être même sur nos possessions in-
diennes, qui se prêtent d'ailleurs assez mal à la
comparaison à cause de la différence des climats.

Ces îles sont en général arrosées par de nombreux cours d'eau, torrents ou rivières. Mallicolo,
Santo, Aoba, Sandwich sont les mieux pourvues
de ce côté ; par contre, celles qui renferment des

volcans, Ambrym et Tanna par exemple, souffrent parfois d'une certaine pénurie, qu'atténuent des rosées très fortes.

L'eau tombe en abondance pendant la saison des pluies, c'est-à-dire des derniers jours de novembre aux derniers jours d'avril, et la sécheresse n'est jamais complète pendant les autres mois. Il faut noter, d'ailleurs, que la saison pluvieuse n'est pas aussi nettement marquée dans ces régions qu'aux environs de l'équateur; elle comporte ici des intermittences et même des périodes de sécheresse véritable qui rapprochent les Nouvelles-Hébrides de la condition des pays tempérés.

II. — Le climat et les fièvres.

Le climat est chaud, mais constant et sans variations excessives : le thermomètre monte rarement au-dessus de 32 degrés et ne descend guère au-dessous de 20 degrés dans les matinées. Les brises sont régulières ; néanmoins, malgré les récits des voyageurs qui n'ont jamais couché à terre, le pays est fiévreux et le devient davantage pendant la saison pluvieuse, qui correspond aux plus fortes chaleurs. Les germes morbides résident dans l'eau et même dans l'air, où ils se répandent par les émanations du sol.

La fièvre régnante est de nature paludéenne ; elle se manifeste d'abord par un échauffement subit du corps et de violents maux de tête ; puis le pouls s'accélère, le malaise devient général, les frissons apparaissent, les tremblements et les vomissements. L'accès dure de un à cinq jours. La quinine et la transpiration sont les deux grands remèdes, comme en Europe.

L'intensité de la maladie dépend de la constitution du malade, du temps qu'il a passé dans le pays et

surtout du lieu où il réside. Elle n'est pas conta-
gieuse, mais elle existe à l'état endémique. Un re-
froidissement, une indigestion, un excès, un coup
de soleil, — toutes causes qui dans d'autres contrées
amèneraient un rhume, des douleurs rhumatis-
males, des névralgies ou des douleurs d'estomac, —
tournent ici presque invariablement à la fièvre. C'est
d'ailleurs une loi générale, partout où règne une
maladie épidémique ou endémique, que la moindre
imprudence prédispose les personnes un peu affai-
blies à la contracter.

Il faut même ajouter que la constitution du malade ne le garantit jamais absolument de la fièvre. J'ai
souvent constaté que les tempéraments riches et vigoureux restent indemnes un peu plus longtemps que
les autres, mais que, le jour où ils sont pris, ils sont
secoués plus fortement. Néanmoins leur condition est
encore la meilleure : ils se relèvent plus facilement
après les accès, et leurs forces ne sont pas minées
comme il arrive aux gens de constitution délicate et
nerveuse. Aussi serait-il dangereux pour un homme
usé, alcoolique ou atteint d'une maladie organique
quelconque, de résider aux Nouvelles-Hébrides. C'est
parmi ceux-là que la fièvre recrute ses victimes.

En somme, je ne saurais mieux faire, pour donner
une idée de cette maladie, qui est en soi peu dangereuse et qui devient rarement mortelle, que de la

comparer à un parasite : on la nourrit à ses dépens ; elle affaiblit les tempéraments puissants et sanguins, elle épuise les autres. Si je ne craignais de pousser la vérité jusqu'au paradoxe, j'oserais affirmer qu'un séjour de quelques mois ou d'une année aux Hébrides serait une cure excellente pour les sujets apoplectiques.

Le régime que réclame le climat donne lieu à bien des contradictions : d'après les uns, il faut s'abstenir de tout alcool dans les îles ; d'après les autres, il est nécessaire d'en prendre si l'on ne veut s'affaiblir. Il est vrai qu'en fait, les uns et les autres s'accordent généralement sur un point : tous en boivent et parfois même à l'excès. Là encore le meilleur parti est entre les extrêmes : l'abus est un danger à coup sûr, l'usage modéré ne saurait être nuisible. Il est même constaté qu'on court plus de chances d'attraper la fièvre lorsqu'on rompt subitement avec ses habitudes.

Ce qui est beaucoup plus malsain que l'alcool dans ce pays, c'est l'eau. On a beau la filtrer, le seul moyen de la rendre inoffensive est de la faire bouillir, mais alors il faut l'aérer. Je me suis assujetti pendant la durée de mon premier séjour aux Hébrides à ne boire que de l'eau bouillie, je n'ai pas eu la fièvre. Lors de mon second voyage, j'ai négligé cette précaution et j'ai été malade.

L'immersion même est dangereuse, je ne sais guère

qu'une petite rivière, dont l'embouchure est à Port-Havannah, où l'on puisse se plonger à peu près impunément. Aussi les bains froids de rivière doivent-ils être entièrement proscrits aux Hébrides. J'ai été témoin de nombreux cas de fièvre survenant chez des Européens, à la suite d'un bain pris dans une rivière ou dans un lac qui les avait tentés par la limpidité parfaite de ses eaux.

Au reste, le danger ne doit pas faire doute pour ceux qui connaissent le pays, car je n'ai jamais vu un indigène se risquer dans l'eau douce, alors qu'en Nouvelle-Calédonie le Canaque de l'intérieur n'en sort pour ainsi dire pas. Bien plus, je n'ai jamais rencontré aux Nouvelles-Hébrides un village sur les bords d'une rivière, tandis que dans notre colonie tous affectent cette position. Le Canaque hébridais, nageur remarquable, prend la peine de jeter un arbre en travers d'un cours d'eau quand il doit le traverser, de façon à n'avoir même pas à mouiller ses jambes, précaution qui est inconnue en Calédonie.

Si on ajoute à ces remarques ce trait caractéristique que les indigènes ne boivent presque jamais d'eau mais toujours du lait de coco, on reconnaîtra que tout cela trahit un système hygiénique évidemment fondé sur l'expérience. L'éducation même habitue l'enfant à se passer de rafraîchissement aqueux, comme aussi le régime alimentaire, où le sel n'entre que pour une part insignifiante. L'usage de l'eau demeure donc exceptionnel.

On la puise dans des roseaux ou tubes de bambous qui se ferment hermétiquement : un seul suffit à la consommation de la journée pour plusieurs huttes ; souvent il n'y en a qu'un dans tout le village ; parfois même je n'y ai trouvé aucune réserve d'eau.

J'ai d'ailleurs observé qu'on ne puise pas au premier endroit venu, mais aux places réputées les plus saines. Il y a ainsi de véritables *crus* d'eau, comme à Rome, par exemple, où les habitants se gardent bien de confondre l'*acqua Marcia* avec l'*acqua di Trevi*.

Je citerai deux faits à l'appui de cette observation. Dans une excursion, nous eûmes l'occasion de traverser un frais ruisseau au courant clair et limpide. Un de nos amis voulut y boire. Les naturels qui nous accompagnaient se hâtèrent de l'en empêcher, en le prévenant qu'il serait malade, très malade, s'il buvait en cet endroit, si séduisant pourtant ; ils ajoutèrent que si nous tenions à nous rafraîchir, nous ne tarderions pas à trouver un endroit propice. Nous les écoutâmes et ne ressentîmes aucun mal.

Une autre fois, à Mallicolo, je prenais un bain de rivière en compagnie d'un de mes amis ; l'idée me vint d'engager les Canaques qui nous regardaient à nous imiter. Ils s'y refusèrent tous en me disant que

« le diable était dans la rivière », et que nous nous repentirions sûrement de notre imprudence. Le lendemain nous avions la fièvre : c'était le diable annoncé.

Je pourrais invoquer bien d'autres exemples du même genre. L'eau et l'humidité sont les agents les plus certains de la maladie. Il faut y joindre le soleil, qui agit par la fatigue, par l'échauffement et les maux de tête qu'il procure. Les Canaques le savent bien, et il ne faut pas dédaigner leurs conseils. Si, dans tous les pays exotiques et tropicaux où règnent des maladies locales, la médecine européenne commençait par observer les habitudes, coutumes et façons de vivre des indigènes, si elle prenait pour base de l'hygiène ceux de leurs usages qui sont évidemment appropriés au climat et résultent d'une expérience de tous les jours, si parfois même elle allait jusqu'à leur emprunter certains remèdes inexplicables à ses yeux, mais restés en faveur depuis des siècles auprès de ceux qui sont les plus intéressés à leur efficacité, elle préviendrait bien des mécomptes et épargnerait bien des sacrifices.

La religion de l'Indien et ses lois lui défendent de manger du bœuf : le véritable motif de cette interdiction est que sous ce climat brûlant, le foie souffre d'une nourriture trop substantielle. C'est ainsi que se justifient la plupart des prescriptions de Moïse et de Mahomet.

L'Européen ne saurait mieux faire que d'imiter l'Indien dans l'Inde et l'Hébridais aux Hébrides.

Il doit donc ici s'en tenir à l'eau de pluie ou à l'eau bouillie et filtrée, sinon au thé, qui constitue la meilleure des boissons.

J'ai cherché à m'expliquer l'insalubrité de rivières qui ne sont ni stagnantes ni putrides. Malgré les apparences, c'est certainement à la décomposition des matières végétales qu'il faut l'attribuer. Les eaux coulent entre des berges d'une terre grasse, fertile et profonde, qui les débarrasse, en les filtrant, des plus grossières impuretés, mais non des germes morbides provenant du détritus organique. La fièvre diminuera sûrement à mesure que le pays sera livré à la civilisation, la terre mise en culture, et les cours d'eau bien drainés.

Disparaîtra-t-elle jamais? cela est douteux : l'exemple de la Cochinchine et de la vallée du Gange n'est pas pour nous le faire espérer; la chaleur et l'humidité y développent trop rapidement la vie et la mort, la fermentation et la pourriture, pour que toutes les émanations délétères puissent se fixer dans les tissus végétaux, ainsi qu'il arrive sous une latitude tempérée.

A Sandwich, où la Compagnie des Nouvelles-Hébrides a débroussé une certaine quantité de terrains, la fièvre n'a pas sensiblement diminué. Les enfants ne supportent pas ce climat, les femmes en souffrent. Certains voyageurs restent atteints long-

temps, même après avoir quitté les îles, et éprou-
vent des accès pendant des années encore.

Cependant, l'île d'Annatum, la plus méridionale
du groupe, est aujourd'hui presque indemne de
fièvre. On serait tenté d'attribuer cette particularité
à la qualité de la terre, mais on prétend qu'elle était
très malsaine il y a une trentaine d'années, lorsque
les premiers missionnaires catholiques s'y sont établis. Peut-être faut-il plutôt croire à une différence de
situation atmosphérique, car Tanna et Erromango,
ses deux voisines, paraissent jouir de la même im-
munité. En sorte que les observations pessimistes
qui précèdent ne s'appliqueraient en tout cas qu'au
reste de l'archipel.

Enfin, si l'on en croit certains colons et marins, l'île
d'Ambrym devrait à sa constitution volcanique d'être
également un peu plus saine que les autres. Mais je
n'ose m'appuyer sur cette opinion, car j'y ai rencontré
des Coprah-Makers atteints de violents accès de fièvre.

Les cantons montagneux et même les endroits
élevés des vallées passent pour être exempts de la
maladie : si probable que cela paraisse, on ne peut
encore l'affirmer, car aucun Européen n'a jusqu'ici
résidé à l'intérieur des îles, et il ne semble pas du reste
que les indigènes qui souffrent, eux aussi, des fièvres,
s'inspirent de cette remarque dans le choix de leurs
habitations.

III. — Les plantes et les animaux.

La flore des Nouvelles-Hébrides est extrêmement riche : la plupart des plantes utiles que comportent les latitudes tropicales s'y retrouvent et y pullulent : le santal, déjà un peu épuisé par l'exportation, le bois de rose, l'ébénier, les bois durs et les bois pour constructions navales, le kaori, le tamanou, le bancoulier, le gaïac, l'arbre à pain, le dammara, l'araucaria, l'arbre à goudron, qui sert à calfater les pirogues, le chêne tigré, toutes les variétés de cocotier et de bananier, l'oranger, le pommier de Cythère, le pommier canaque, le mapé, une espèce de fruit qui se mange comme la châtaigne, le figuier, l'amandier, l'ananas, la canne à sucre, le papayer, le latanier, le vacquois qui fait jaillir cent tiges d'un seul tronc, l'hibiscus, le pandanus, la fougère arborescente, l'ingénia avec ses baies aigrelettes et rafraîchissantes, le pavie dont le fruit ressemble à la pêche, l'igname, le taro dont la racine est la base de l'alimentation des indigènes, le chou palmiste, etc.

Il est vrai que plusieurs de ces plantes ont été importées et que les forêts de l'intérieur renferment naturellement assez peu de fruits ; mais la fertilité du sol est telle que la culture ne demande aucune peine ; graines et boutures, une fois mises en terre, poussent d'elles-mêmes.

En revanche, les animaux sont assez rares. Le pigeon, le canard, la perruche, quelques autres variétés d'oiseaux semblent être avec le serpent les seules espèces originaires du pays. On croit que certains serpents sont venimeux, mais le fait n'est pas prouvé : ce qui le rend vraisemblable, c'est que les Canaques ont grand'peur des reptiles.

Les Européens ont introduit le cochon, qui est devenu une importante source de trafic avec les indigènes, le chien, la volaille et même le bétail, ce dernier dans la seule île Sandwich.

Tout cela prospère à cause de la merveilleuse fertilité du sol, et il ne manque aux Nouvelles-Hébrides qu'une culture raisonnée et une administration méthodique — non pas celle « que l'Europe nous envie », — pour devenir une des plus riches contrées du monde.

CHAPITRE III

———

I. — Le Mélanésien.

L'indigène des Nouvelles-Hébrides est Mélané-sien; c'est la vilaine race à laquelle appartient le Ca-naque d'Australie. Dans certaines îles il s'est croisé avec le Maori ou Polynésien, dont le type est supé-rieur. Partout où la part du Maori l'emporte dans le mélange, l'espèce se relève; ainsi l'indigène de Ca-lédonie est notablement plus vigoureux et plus beau que son congénère hébridais. Les îles Loyalty, si-tuées à 60 milles de Nouméa et à 100 milles d'An-natum, sont entièrement peuplées de Polynésiens, ce qui permet de différencier nettement les deux races.

Voici les principaux traits de cette distinction, qui a donné lieu à tant de controverses de la part des eth-nographes. Le Mélanésien (Australie, Nouvelle-Gui-née et alentours) offre le même type que le nègre de la côte d'Afrique : il est d'un noir pur, il a les che-veux crépus, le crâne élevé et déprimé. Seulement

comme les générations ont subi ici moins de croisements qu'en Afrique, par suite de l'isolement où est
toujours restée cette partie du monde, et du prolongement de la barbarie primitive qui en a été la conséquence, ce type a encore dégénéré.

La description que faisait Forster, le compagnon
de Cook, en 1774, des indigènes de Mallicolo, est
vraie de toute la race : « Petits et mal proportionnés,
les membres grêles, le ventre ballonné, le visage
plat, les cheveux gros, crépus et courts, ces sauvages
sont hideux; ils rappellent plutôt le singe que
l'homme. »

Quelque opinion qu'on admette sur l'origine des
Mélanésiens, qu'on les considère comme une population autochtone ou comme une colonie africaine,
il faut reconnaître qu'ils offrent un spécimen tout à
fait inférieur de la race noire.

La question de leur origine soulève d'ailleurs des
difficultés à peu près insolubles. Une hypothèse
très vraisemblable serait celle d'une migration venue des côtes de Mozambique en Australie, et de là
dans les îles voisines. Ces transbordements de peuple n'ont rien d'exceptionnel : on n'explique pas autrement la présence à Madagascar des Hovas qui
sont de pure race malaise. Justement la mousson
d'Ouest souffle, pendant une partie de l'année, du rivage africain dans les régions équatoriales : les ca-

nots de Zanzibar ou de Natal n'ont-ils pas pu prendre cette route?

Mais on hésitera à se rallier à cette opinion, si l'on
se souvient de l'énorme distance qui sépare les deux
points extrêmes du voyage : il ne s'agit de rien moins
que de traverser l'Océan indien, — 70 degrés de
longitude, une fois et demie la longueur de l'Europe,
— et cela sans faire aucune halte en route. Quels
canots se prêteraient à une telle prouesse?

Faut-il donc admettre que le Mélanésien est directement originaire du pays où nous le rencontrons
aujourd'hui ? Cette conclusion même, outre qu'elle
tend à renverser toutes les idées reçues, ne va pas
sans objections. Transporter en Océanie la souche
de la race africaine n'est pas résoudre le problème : il
est aussi difficile d'expliquer la migration au dehors
qu'au dedans, l'exode que l'invasion; la route est
toujours la même entre Mozambique et l'Australie.

Enfin une solution toute simple serait de supposer
que chaque continent a eu sa génération particulière. Mais, bien que Darwin ne voie aucune impos-
sibilité à ce que l'évolution naturelle des formes vi-
vantes ait fait apparaître l'homme, simultanément
ou successivement, sur plusieurs points isolés du
globe, une pareille théorie reste trop aventureuse,
en l'état actuel de nos connaissances, pour devenir
la base d'un système ethnographique.

Il n'existe qu'un moyen de tout concilier, c'est de considérer l'Australie comme le berceau de toute l'humanité.

Rien ne s'y oppose, si ce n'est des habitudes d'esprit qui n'ont aucun fondement sérieux. Il semble, au contraire, qu'il y ait une raison de convenance à rapporter l'origine de l'homme, dernier venu des êtres vivants, au continent le plus ancien : or il paraît bien certain, d'après toutes les données géologiques, que l'Australie est la première terre du globe qui ait émergé hors des eaux.

L'Asie a pu recevoir d'elle sa première population par la chaîne des îles de la Sonde qui s'étend jusqu'à la pointe de Malacca. La spécialisation des races ne se serait opérée que plus tard, par l'effet des lentes influences du climat et du milieu qui se sont trouvées être sensiblement les mêmes en Afrique qu'en Mélanésie. Qui sait même si les grands vents généraux soufflant de l'est n'ont pas pu porter directement la migration d'Australie jusqu'en Afrique[1] ?

Cette hypothèse ne présente pas plus d'obstacles

---

1. Comme exemple de grandes traversées de ce genre accomplies avec les plus minimes ressources, on peut citer l'aventure du capitaine Bligh, de la *Bounty* (marine de guerre anglaise), qui, à la suite d'une révolte à bord, fut abandonné près de Nouka-Hiva dans une chaloupe (1788), et poussé par les vents jusqu'à l'île de Timor. Pour faire cette immense traversée du Pacifique, ce canot, monté par dix-huit marins, n'avait pour toutes provisions que : un quintal et demi de biscuit, vingt-cinq livres de viande salée, une tonne d'eau et un baril de rhum.

que celle qui fait descendre l'humanité des hauts plateaux de l'Asie centrale, et elle a le mérite d'expliquer l'infériorité de la race australienne que son isolement au milieu des mers a maintenue stationnaire,
tandis que toutes les autres se développaient et pros-
péraient, grâce aux croisements et à la sélection naturelle qui en résultait, car les quatre grands conti-
nents ont toujours conservé des communications
réciproques soit par les terres, soit par les glaces.

C'est ainsi que le Maori ou Polynésien, qui est
évidemment de même origine que l'Australien, a dû
s'élever, par l'afflux d'un sang nouveau, jusqu'au
type d'où il le domine aujourd'hui.

II. — Le Polynésien ou Maori.

Les Maoris sont des nègres vigoureux, intelligents et énergiques, qu'on rencontre en Nouvelle-Zélande, aux Loyalty, aux Samoa, à Tonga, à Fidji, aux Sandwich, aux Iles de la Société ou Taïti et même quelque peu en Calédonie. Quelle greffe a pu améliorer ainsi la souche primitive?

On a cru d'abord à un croisement avec la race malaise. Mais, avant tout examen, cette origine est peu vraisemblable; car si les Malais avaient colonisé ces îles susdites, qui sont toutes situées dans le sud et dans l'est du Pacifique, on trouverait certainement trace de leur passage en Australie ou tout au moins dans les terres intermédiaires, en Nouvelle-Guinée, en Nouvelle-Bretagne, aux Salomon et aux Hébrides, ce qui n'est pas. De plus, il serait singulier que le Malais eût donné au type maori la vigueur et la force qui lui manquent à lui-même. Il paraît plus plausible de supposer que les Maoris proviennent d'une fusion de la race indienne d'Amérique avec les Mélanésiens.

En effet, toute la région où ils se montrent (est

et sud de l'Océanie), est placée en regard de l'Amérique méridionale, et ici la migration n'a rien d'impraticable. Les Malais ont bien fait la traversée de Malacca à Madagascar ; les Indiens de l'Amérique du Sud, poussés dans le même sens par quelque grande perturbation atmosphérique, ont pu parfaitement gagner la Nouvelle-Zélande par étapes, en se répandant d'île en île, des Pomotous aux Samoa et aux Tonga.

Ce qui confirmerait notre théorie, c'est que le type du Maori ressemble à l'Indien et nullement au Malais : il est robuste, quoique nerveux et presque élégant, plutôt rouge ou cuivré que noir, avec des traits réguliers et des cheveux lisses tirant parfois sur le blond. On trouve bien, dans certaines familles canaques, la trace d'un croisement malais ; mais les modifications qui en résultent n'ont rien de commun avec les caractères distinctifs du Polynésien : c'est une légère déviation des yeux, une finesse de physionomie, une délicatesse d'attaches inconnues chez le nègre pur ; ce n'est jamais la stature, la force et la carrure du Maori.

L'influence de la race supérieure se fait tout autrement sentir aux Nouvelles-Hébrides, où on la saisit sans peine : dans l'île d'Aoba, chez les femmes, qui sont sveltes et fortes ; à Tanna, où les guerriers sont les plus hardis de l'archipel ; enfin dans le

petit îlot de Mêlé, près de Sandwich, où l'intrusion
du Maori ne remonte pas à plus de trente ans environ, — ce qui permet d'en surprendre sur le vif
la marche et les effets. L'incident qui y a donné
lieu est le naufrage d'un bateau rapatriant des Canaques aux Samoa : l'équipage fut massacré et
mangé ; mais les Maoris, plus vigoureux et plus
braves que leurs compagnons, échappèrent aux ennemis et se réfugièrent dans un coin désert de l'île. Là,
ils s'organisèrent, et, grâce aux divisions qui font que
les Hébridais ne peuvent jamais réunir sur aucun
point une armée sérieuse, ils ne tardèrent pas à se
faire redouter. Ils prirent femmes chez leurs voisins,
formèrent une tribu puissante, et seraient maintenant à la veille sans doute de dominer tout le pays
s'ils n'avaient rencontré les blancs sur leur chemin.

Cet exemple, de date toute récente, montre assez
comment la population croisée d'Aoba et de Tanna
peut se trouver aujourd'hui si différente de celle des
autres îles où la race mélanésienne continue à ré-
gner sans mélange.

L'accord ne s'est pourtant pas fait parmi les ethno-
logistes sur l'origine des Maoris. Il semble qu'en
pareille matière les témoignages les plus autorisés
devraient être ceux des missionnaires dont la vie
s'écoule presque entière parmi les indigènes, plutôt
que ceux des voyageurs qui ne font que traverser le

INDIGÈNES D'AOBA

D'après une photographie de M. Peace, photographe à Nouméa.

pays; malheureusement ceux-là ne s'entendent pas toujours entre eux, et il reste place à la discussion.

Le savant de Rienzi, qui a longtemps parcouru la Polynésie, rattache les populations qu'il y a observées non aux Malais proprement dits, mais aux *Dayas* ou indigènes de Bornéo. Ceux-ci se seraient répandus jusqu'aux Pomotous et à Taïti par les Carolines, et de là jusqu'en Nouvelle-Zélande par les Samoa. Seulement une objection se présente : comment, dans ce cas, n'ont-ils pas peuplé les Salomon et les Nouvelles-Hébrides qui se trouvaient sur leur passage ?

La meilleure des preuves qu'invoque de Rienzi, est tirée de la ressemblance que présentent les tatouages, le langage et certains traits de mœurs observés chez les indigènes des Philippines et des Carolines avec ceux qu'on rencontre dans la Polynésie orientale.

Mais l'argument se retourne, car les ressemblances dont il s'agit sont bien plus étendues et plus frappantes quand on remonte vers l'Est, c'est-à-dire vers la côte mexicaine, que lorsqu'on descend vers la presqu'île de Malacca. La véritable patrie du tatouage est sans contredit l'Amérique du Sud. Il est d'ailleurs démontré aujourd'hui que Bornéo a primitivement appartenu au continent asiatique où le tatouage n'existe qu'à peine ou pas du tout.

Il en est de même, nous le montrerons plus loin, de toutes les raisons tirées du langage et des mœurs.

Aussi le missionnaire Ellis estime-t-il comme nous que les Polynésiens sont originaires de l'Amérique du Sud, et nous aurons l'occasion d'examiner les preuves concluantes qu'il en donne.

Même division parmi les géographes. Malte-Brun fait sortir les Maoris de Java, c'est-à-dire de Malaisie. Forster et Dumont d'Urville se rallient à la théorie géologique d'après laquelle les îles de la Polynésie seraient les restes d'un ancien continent qui aurait été submergé et dont les têtes seules seraient restées hors des eaux. Certaines de ces pointes se seraient développées depuis par des actions volcaniques, d'autres par des apports madréporiques. Tous deux sont ainsi amenés à supposer que la race maori est autochtone et originaire de cette partie du monde aujourd'hui disparue. Mais comment se fait-il alors qu'elle ne se montre ni aux îles Salomon, ni aux Nouvelles-Hébrides, ni à la Nouvelle-Bretagne, qui se rattachent au même massif? pourquoi n'apparaît-elle qu'à demi dans les îles Viti?

Une pareille hypothèse visant un bouleversement sans exemple dans les annales terrestres, — au moins sur une telle étendue, — ne doit pas intervenir pour les besoins de la cause, au secours d'un ethnographe dans l'embarras.

Elle aboutirait d'ailleurs à poser une alternative dont les deux termes sont également inadmissibles:

INDIGÈNE DE TANNA

— ou il faudrait transporter le berceau de l'humanité dans ce continent hypothétique, — ou il faudrait accepter la pluralité des générations humaines : théories sur lesquelles nous nous sommes déjà expliqué. Enfin, dans les deux cas, le Maori serait de race pure : or, c'est sans contredit un *métis* où le Mélanésien primitif entre évidemment pour l'élément principal du mélange.

Pour résoudre le problème, il faut partir de ce principe qu'il y a eu croisement avec une race étrangère ; voici maintenant les raisons, non plus philosophiques ni abstraites, mais positives et expérimentales, qui nous obligent à penser que la migration étrangère est venue de l'Est, c'est-à-dire d'Amérique.

La principale est tirée de la direction des vents dans l'Océan Pacifique : cette direction est Est-Sud-Est dans presque toute la Polynésie, Est-Nord-Est aux îles Hawaï ou Sandwich. Bornéo et Java se trouvent donc entièrement sous le vent de cette mer immense. Comment croire qu'avec des moyens de navigation aussi imparfaits que ceux dont disposaient et disposent encore ces populations sauvages, c'est-à-dire de mauvaises pirogues à peine voilées, elles eussent pu entreprendre de pareilles traversées contre les grands vents généraux ? On peut admettre la traversée de Malacca à Madagascar qui se trouve favorisée par ces vents ; mais celle de Bornéo, Malacca ou Java à Taïti est véritablement impossible.

Enfin les preuves suivantes paraîtront sans doute décisives :

1° Le missionnaire Ellis a découvert aux îles Hawaï des caractères gravés sur des laves qui reproduisent exactement les hiéroglyphes péruviens et mexicains.

Au contraire, il n'existe aucun rapport entre les dessins ou figures symboliques des Malais d'une part, et des Maoris de l'autre, aucune ressemblance entre leurs arts et leurs religions.

2° Les tatouages dont sont couverts, des pieds à la tête, les guerriers des îles de l'Est, sont les mêmes que chez les Indiens d'Amérique, ainsi que les distinctions accordées aux chefs et aux plus braves.

3° D'après les vieilles traditions d'Hawaï, les premiers habitants seraient venus de Taïti et de Nouka-Hiva, c'est-à-dire des îles du Sud-Est.

4° La couleur cuivre foncé des indigènes de Nouka-Hiva est analogue à celle des Peaux-Rouges dont ils ont la souplesse et la beauté, les mœurs guerrières et l'habitude de suspendre dans leurs cases comme trophées ou de porter à leur ceinture les cheveux scalpés de leurs ennemis.

5° Enfin l'identité des radicaux primitifs de la langue qu'on parle à Nouka-Hiva et à Hawaï où,

INDIGÈNES D'AMBRYM

D'après une photographie de M. Pracc, photographe à Nouméa.

comme nous l'avons dit, l'on a découvert des caractères écrits semblables à ceux dont se servent les Indiens du Mexique; la communauté de diverses coutumes telles que celles de se raser la tête comme les
Peaux-Rouges, en conservant une mèche sur le sommet, de se frotter nez contre nez en guise de bien-
venue, de porter des plumes brillantes piquées dans
la chevelure, des pendants d'oreilles, la ressemblance
des costumes et armes : toutes ces raisons rendent
évidente la filiation américaine des Polynésiens.

On retrouve les mêmes signes de race partout où
les Maoris se sont établis, aux Pomotous, aux Spo-
rades, notamment à l'île de Pâques, la plus orientale
de cet archipel. Les hommes y sont magnifiques,
dit Beechey : ils ont la figure ovale, les traits réguliers, le front haut, les cheveux rasés et le teint cuivré. Les habitations couvertes de chaume ont des
murs faits de pieux et d'argile. Les indigènes préparent les aliments dans des pots de terre. Ils élèvent
des statues en pierre.

Ces traits distinctifs du Polynésien le rapprochent
du Peau-Rouge, en même temps qu'ils le séparent
du Malais. On remarque de même qu'ils deviennent
de plus en plus rares, à mesure qu'on recule vers
l'Ouest, et finissent par disparaître dans les dernières
terres, à l'occident, les Carolines.

La question de race peut donc être considérée

comme résolue en ce qui concerne les Nouvelles-Hébrides : le fond de la population est mélanésien, vraisemblablement autochtone, modifié par des contingents postérieurs d'origine polynésienne, c'est-à-dire mexicaine ou péruvienne.

Ainsi s'explique la variété de cette population et la diversité des rudiments de civilisation qu'elle présente.

CHAPITRE IV

LANGAGE. — COSTUME ET TATOUAGE. — VILLAGES. — CASES TABOU ET CASES DES MORTS. — ARMES ET USTENSILES.

———

I. — Langage.

L'idiome que parlent les indigènes diffère d'île à île dans toute l'étendue du groupe. Il arrive même que des tribus vivant sur deux côtes opposées de la même île ne se comprennent pas entre elles. Cela ne provient pas d'une diversité d'origine, mais seulement des divisions qui ont régné de tout temps entre ces peuplades, dont on peut dire qu'elles sont en état de guerre perpétuelle. De là vient aussi qu'on ne trouve nulle part un grand chef étendant son autorité sur l'île.

Cet excès de particularisme constitue un avantage et un inconvénient pour la colonisation : un avantage parce que l'absence de toute cohésion entre les forces indigènes rend la conquête plus facile ; — un inconvénient parce que, lorsqu'on a affaire à une autorité reconnue par toute une contrée, il suffit de s'assurer les bonnes grâces ou la soumission de celui qui la représente, pour gouverner le pays par son intermédiaire.

Lorsqu'il s'agit de langage, l'inconvénient l'emporte, car il devient extrêmement difficile d'entrer en communication avec les insulaires. Le vocabulaire des Nouvelles-Hébrides renferme bien des mots polynésiens à côté des mots mélanésiens; mais le Canaque de Calédonie, des Loyalty, des Fidji, etc., ne peut se faire comprendre de ses voisins, ni les comprendre lui-même. Chaque région a son dialecte aussi dissemblable des autres que le provençal peut l'être du picard ou de l'auvergnat.

La langue dont on se sert communément dans l'archipel, pour toutes relations avec les Canaques, et dont les Canaques se servent eux-mêmes d'île à île, est une sorte de « sabir » à base de patois anglais, parsemé de mots français, espagnols et même océaniens; le tout accommodé à une syntaxe rudimentaire où domine le tour d'esprit du sauvage. On donne à ce mélange hybride le nom de *biche-la-mar*, à cause de la « biche-de-mer » qui a été un des premiers articles d'exportation des Hébrides.

En voici quelques échantillons : *man oui oui* signifie « un Français ». *Me save* signifie « je sais », (*save* est tiré du mot « savoir » ou « sabe » en espagnol). *One gnam,* c'est-à-dire une récolte d'igname, signifie « une année ». *Kaïkaï,* terme d'origine indigène, signifie « manger », sans doute par une onomatopée qui reproduit grossièrement le mouvement des dents.

La liaison des propositions se fait par le moyen du mot anglais *belong* qui signifie « appartenant à, ayant trait à, concernant », etc. L'application en est universelle et infiniment variée. *Belong what?* veut dire « Pourquoi ? » et *belong* « parce que ». Exemple : « Pourquoi n'as-tu pas fait cela ? » Réponse : *Belong me no save make all same.* Traduction : « Parce que je ne sais pas faire ainsi. » *Belong* sert également à exprimer la propriété et en général toutes les formes de la modification : *man belong shoes* est « l'homme que concernent les souliers, le cordonnier » ; *man belong bread,* « le boulanger » ; *man belong shoe belong horse,* « l'homme qui a affaire aux souliers qui appartiennent au cheval », le maréchal ferrant.

On comprend sans peine, par ses exemples, quel est le mode de formation de cette langue tout à fait enfantine : le but en est de représenter les idées sous la forme la plus concrète possible, au moyen du plus petit nombre de mots, et en ne visant jamais que les relations les plus simples entre les choses.

Il va sans dire que les Canaques ne parlent qu'exceptionnellement le biche-la-mar ; ceux-là seuls en sont capables qui ont travaillé chez les blancs; il est vrai qu'il s'en trouve dans toutes les îles; ils servent d'interprètes pour les transactions.

On a souvent reproché aux Français de Calédonie de n'avoir pas enseigné aux Canaques un patois français au lieu de parler avec eux le biche-la-mar. On ne saurait leur en vouloir : le nombre de bateaux anglais qui parcourent les îles océaniennes est malheureusement bien supérieur à celui des bateaux français. Il est difficile d'empêcher les indigènes d'user de préférence du dialecte dont ils ont le plus souvent besoin, et nos compatriotes trouvent moins de peine à apprendre le biche-la-mar qu'à enseigner le français aux Canaques.

II. — Costume et tatouage.

Le tatouage, qui est le grand costume des Polynésiens, surtout dans les îles de l'Est, est peu en
honneur aux Hébrides. Il se borne à quelques raies
bleues sur la figure et à quelques coutures sur le
corps. En revanche, le Canaque hébridais, surtout
quand il se prépare aux fêtes et aux combats, aime
à se barioler tout le corps et principalement la figure
dont il cherche à rendre l'expression hideuse et
effrayante.

Quant au costume proprement dit, il est des plus
succincts; le seul moyen convenable d'en donner une
idée est de dire qu'aux Hébrides comme en Calédonie,
une paire de gants suffirait à habiller dix hommes,
— avec cette légère différence qu'en Calédonie l'unique pièce de l'habillement est dirigée de haut en bas,
aux Hébrides de bas en haut.

Ici l'extrémité en est passée dans une ceinture
d'écorce d'arbre dont l'indigène ne se sépare jamais;
cette ceinture est large de trois doigts environ et fait
deux ou trois fois le tour du corps. A Tanna, elle
est placée au-dessous des seins et le « vêtement »
élémentaire qui s'y rattache prend des proportions

gigantesques : il ressemble plus alors à un bonnet de coton qu'à un doigt de gant.

A Santo, le Canaque est revêtu d'un petit pagne en écorce, large de quelques pouces, qui s'échappe d'une étroite ceinture. Ce pagne est fixé au corps par une invention assez bizarre.

C'est une pièce de bois attachée et retenue der-rière les reins par la ceinture; la partie antérieure (A B C) est rebondie, la partie postérieure (A C) unie; cette dernière s'appuie sur la peau. A chaque ex-trémité sont liés des petits col-liers de pointes de coquillage enfilés dans des tresses en fibres de coco, qui font le tour de la taille et viennent retomber sur le pagne qu'ils ap-pliquent contre le corps.

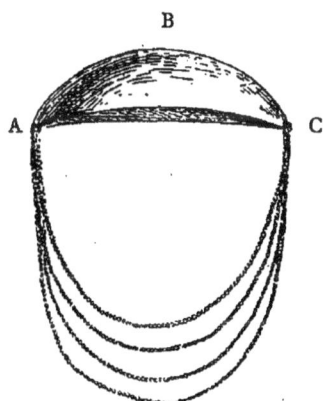

Les femmes sont, dans toutes les îles, nues au-dessus de la ceinture. A Aoba elles portent le plus souvent une sorte de pagne qu'elles tressent elles-mê-mes; dans les autres îles, des bandes frangées d'herbes ou de fibres de coco qui ne prennent de l'épaisseur que par la multiplicité des tours. Cette espèce de petite

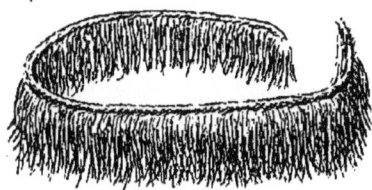

jupe, qui bouffe autour de la taille, est toute courte, et fait ressembler les femmes, surtout quand elles sont jeunes et bien faites, à des ballerines.

A Tanna, où les hommes sont d'une jalousie exceptionnelle, les jupes descendent jusqu'à terre et ressemblent à de vieilles crinolines déformées.

III. — Villages.

Les Canaques habitent dans de petits villages si-
tués le plus souvent dans le voisinage de la mer,
mais dissimulés dans les bois de cocotiers dont toutes
les îles sont hérissées. Ils ne se révèlent que par une
légère fumée qui flotte au-dessus des arbres. Les habitations sont des huttes construites avec des bran-

ches d'arbres et recouvertes de feuillage; quelquefois
elles sont tapissées intérieurement d'une grossière
terre d'argile. Ces cases n'ont comme ouverture
qu'une porte basse par laquelle il faut entrer sur les
genoux.

Elles sont circulaires. Au milieu est un gros poteau sur lequel repose toute la construction.

A Santo, les huttes sont communes; il n'y en a

que deux ou trois pour tout le village, dont une
pour les femmes. Elles sont très longues et de forme
rectangulaire. Les cochons et
les poules circulent librement
aux alentours. A l'intérieur
le mobilier se compose de
nattes posées sur le sol, de

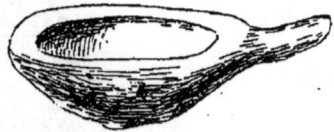

Plat en bois.

quelques plats de bois et de bambous servant à
puiser de l'eau.

Au milieu il y a toujours un feu allumé ou des
cendres qui se consument. La fumée, qui s'échappe
avec peine par les interstices de la couverture, est
tellement dense quand on ravive le feu, qu'il devient
impossible à tout autre qu'à un Canaque de se tenir

debout dans la case ou même d'y demeurer sans incommodité. On la retient à dessein pour éloigner les moustiques et combattre l'humidité de la nuit, grande ouvrière de fièvres. Mais elle ne suffit malheureusement pas à étouffer la vermine qui pullule affreusement.

La plupart des huttes sont surmontées d'un morceau de bois grossièrement sculpté, et représentant généralement une figure humaine. La case du chef est un peu plus grande que les autres.

IV. — Cases tabou et cases des morts.

Dans tout village, il y a une case *tabou*, c'est-à-dire « réservée ». Le mot « tabou » exprime la défense d'approcher d'un endroit ou de toucher à un objet. Sans aller tout à fait jusqu'à la superstition, la valeur qu'on y attribue est fort sérieuse : dans certaines îles ce serait exposer sa vie que d'aller à l'encontre de l'interdiction.

L'emplacement marqué du « tabou » se trouve généralement sur les confins du village, abrité par de grands arbres. Les pigeons qui viennent s'y poser sont sacrés et nul n'a droit de les tuer.

La case « tabou » est entourée de bordures de plantes, — où entrent toujours certaines espèces, par exemple le croton, — et de gros piquets de bois fichés en terre, de quatre à huit pieds de hauteur, représentant aussi de grossières images dont certaines sont très indécentes : quelquefois les toits sont ornés de sculptures analogues. Seuls les « vieux de la tribu », le chef et quelques guerriers influents ont le droit de pénétrer à de certaines époques dans cette case pour délibérer sur les questions importantes, culture, guerre ou arrêts de justice. Les entretiens de ce genre doivent être tenus en secret ; voilà probablement l'origine toute simple du « tabou » qui a fourni un prétexte aux théologiens pour soutenir que le Canaque a une religion.

Au milieu du village est ménagée une petite place où sont encore fichés en terre quelques-uns de ces troncs d'arbres taillés en figures mons-trueuses et creusés intérieurement de fa-çon à pouvoir servir de tambour. Quand on arrive, on frappe avec un bâton sur ces grosses caisses pour appeler les indigènes épars dans la brousse. Le bruit s'entend à une grande distance. Au bout de quelques minutes on aperçoit, à demi cachés der-rière les arbres, les habitants qui observent de loin avec méfiance avant d'approcher.

Tabou.

Pendant les *pilous-pilous* ou grandes fêtes, ces bizarres tambours résonnent jour et nuit, tandis que quelques flûtistes exercés soufflent dans de gros bambous qui rendent des sons graves et ronflants comme des tuyaux d'orgue.

Chaque village constitue une tribu séparée de vingt à cent ou cent cinquante personnes, et chaque tribu a son chef comme ses intérêts et sa vie propre. Les Canaques ne rendent ordinairement ni culte, ni honneurs aux morts ; ils se contentent de porter les corps hors du village dans un endroit éloigné et élevé, qu'ils réservent à cette affectation. La nature

PIROGUE CANAQUE

D'après une photographie de M. Peace, photographe à Nouméa.

se charge de l'enterrement. Souvent des indigènes m'ont apporté, moyennant quelques figues de tabac, des crânes de leurs parents ou de leurs amis, ce qui prouve bien le peu de cas qu'ils en font. Ces crânes sont curieux à cause de leur déformation, qui est due à une compression exercée sur la tête des enfants avec des bandages destinés à en augmenter la hauteur au détriment de la largeur. C'est surtout à Mallicolo que cette coutume paraît être en vigueur.

Dans cette même île j'ai constaté l'existence d'une institution qui paraît contredire à ce qui précède, mais qui reste trop exceptionnelle pour qu'on puisse en tirer une théorie religieuse; elle est d'ailleurs originaire d'Amérique : certains villages renferment une *case des ancêtres* qui ne sert d'habitation à personne. Les indigènes y conservent les squelettes des « grands citoyens » qui ont rendu quelques services à « la patrie », ou qui se sont distingués dans les combats. On remplit les corps d'herbes sèches ou de fibres de coco, on les recouvre d'argile et on s'applique à reconstituer ainsi aussi fidèlement que possible les traits de la figure qu'on colorie de rouge, de bleu et de noir. Après quoi on suspend ces espèces de momies autour des parois rectangulaires du funèbre musée et on ne revient le visiter que lorsqu'une nouvelle inhumation rend le retour nécessaire, — dernier trait de ressemblance avec nos Panthéons.

V. — Armes et ustensiles.

Le Canaque, comme le philosophe ancien, peut facilement emporter toute sa fortune avec lui. Son inventaire est vite fait, quelques nattes, des tapas (costumes de femmes), des ceintures d'écorce, des

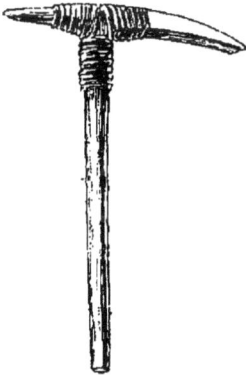

Herminette   Flûte en bambous.   Bracelet en pointes   Peigne en bois,
ou hache en pierre.   de coquillages.

dents de porc, des plats de bois, des armes ; voilà tout le produit de son industrie. Les Européens y ont ajouté des pièces de calicot, des couteaux, des hameçons pour la pêche, des pipes, des allumettes, du tabac, des haches, des flacons d'odeur dont ils sont très friands, et surtout des armes. Un ceinturon plein de cartouches, un fusil sur l'épaule, une pipe en terre suspendue dans le lobe de l'oreille, des

figues de tabac et des allumettes plantées dans sa ti-
gnasse ou logées dans sa ceinture d'écorce en cas de
pluie, c'est tout son costume.

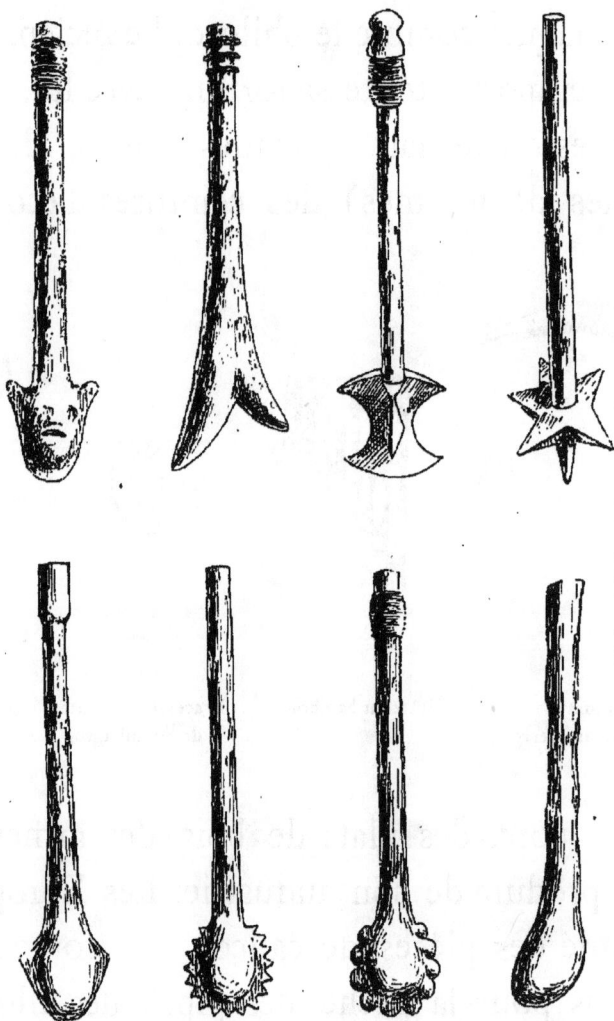

Il faut y ajouter les armes indigènes dont il est
encore souvent obligé de se contenter, casse-tête,
arcs, flèches et sagaies.

Les casse-tête sont de formes diverses, mais généralement courts et légers; ils représentent tantôt
une queue de poisson, ou une figure d'homme
(Ambrym), tantôt une étoile (Tanna) ou une grosse
boule entourée de plus petites (Api), ou encore un
phallus semblable au casse-tête de Calédonie.

Les arcs varient aussi en longueur et en force
suivant les lieux : aux îles Salomon, ils atteignent
sept ou huit pieds.

Les flèches qu'ils servent à lancer sont-elles empoisonnées? C'est un point qui a donné lieu à bien
des controverses. Une commission de trois médecins
chargée de l'examen, s'est prononcée après quelques
expériences pour la négative ; la mort qui résulte
des blessures proviendrait du tétanos et non du
poison.

Je n'ose m'inscrire en faux contre un arrêt aussi
autorisé; pourtant je ferai observer que les Canaques
qui connaissent fort bien ces flèches, se considèrent
comme perdus lorsqu'ils en sont frappés, qu'en temps
ordinaire ils les portent soigneusement enveloppées
dans des feuilles de bananier, et qu'ils ne les cèdent

jamais aux Européens sans leur recommander les
plus grandes précautions. Il est bien difficile d'admettre qu'ils fassent tout cela sans raison.

En outre, les trafiquants des îles, plus familia-
risés avec le traitement des plaies, craignent plus
les flèches que les balles de fusil et prétendent
avoir de bons motifs pour en juger ainsi, car plusieurs d'entre eux ont été témoins de décès presque
foudroyants survenus après des blessures insigni-
fiantes.

« C'est le tétanos des pays chauds », affirment
les docteurs. Comment se fait-il alors que des blessures beaucoup plus graves reçues dans les mêmes
îles et sous le même climat n'entraînent pas la
mort ?

Enfin toutes les victimes qu'on a pu observer ont
péri au milieu de souffrances terribles amenées par
la décomposition du sang. On cite notamment le
fait du commandant Goodenongh dont la blessure
très légère était cicatrisée dès le deuxième jour, et
qui n'en mourut pas moins au bout d'une semaine
d'un empoisonnement du sang, manifesté par la
réouverture de la plaie. Deux hommes de son équipage succombaient en même temps à la suite de
blessures semblables à la sienne. Moi-même j'ai vu
une piqûre de flèche amener la mort d'un homme
avant la fin de la journée.

Il y a tout lieu de penser que les constatations
médicales ont porté par hasard sur des flèches inof-
fensives ou trop vieilles
pour avoir gardé le poison.
Il est en effet hors de doute,
et les Canaques n'hésitent
pas à le reconnaître, que
beaucoup de ces flèches
sont sans danger, parce que
l'enduit de la pointe en est
enlevé ou évaporé. Dans
plusieurs îles en effet, les
pointes en sont empoison-
nées par un enduit tiré du
suc de certaines plantes et
formant une espèce de glu
qui se détache peu à peu
en séchant. Ailleurs, ils en
laissent séjourner la pointe
dans des corps en putréfac-
tion, ce qui constitue une
piqûre anatomique. Dans
un cas comme dans l'autre,
l'ancienneté de la préparation en doit diminuer l'efficacité.

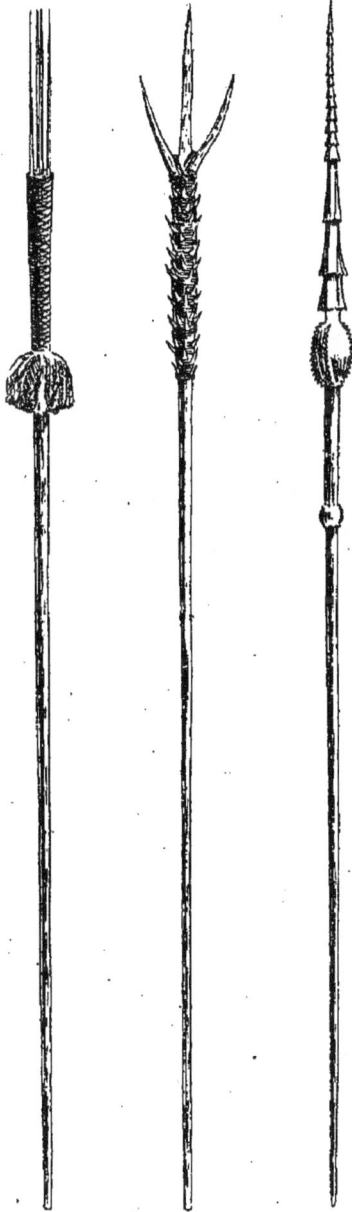

Sagaie d'os humain
de Santo.

Plusieurs de ces flèches

sont montées avec des os humains. A Santo, les sagaies, longues de trois mètres, sont entièrement garnies d'éclats d'os et terminées par des tibias aiguisés. Quand l'arme entame la chair, son propre poids détermine la cassure de la pointe en petits fragments qu'il est très difficile de retirer complètement de la plaie, ce qui donne souvent lieu à des blessures dangereuses.

Aujourd'hui d'ailleurs, la plupart des Canaques sont pourvus de sniders, carabines rayées se chargeant par la culasse et portant à plusieurs centaines de mètres ; les plus pauvres se contentent des fusils à piston qui étaient en usage il y a quarante ans en Europe ; il en est peu qui soient réduits aux sagaies et aux flèches empoisonnées.

Comme tout le monde est armé dans le pays, c'est une nécessité pour les blancs, qui sont les moins nombreux, de garder la supériorité de l'armement. Ils n'ont déjà que trop contribué à rendre leurs hôtes redoutables, en leur fournissant des fusils et des cartouches. Heureusement les traitants ont jusqu'ici refusé de céder aux indigènes les winchester à répétition, qui sont leur unique garantie par la puissance de leur tir et surtout par la crainte qu'ils inspirent.

CHAPITRE V

I. — Mœurs et coutumes.

Les Canaques n'ont pas le goût du travail et ne
connaissent aucun des besoins qui en font une nécessité aux Européens. On peut dire sans exagération
qu'ils ne font jamais rien. Ils ne mènent pas même
la vie contemplative que ménage à certaines races
leur oisiveté physique; ils ne pensent pas plus qu'ils
n'agissent. Aussi n'a-t-on pas trouvé aux Hébrides, et
ne trouvera-t-on pas davantage dans les archipels non
encore annexés par les Européens, des ressources
appréciables en main-d'œuvre. Tous ces insulaires
tiennent de leurs ancêtres les Indiens d'Amérique et
les Mélanésiens d'Australie, un caractère réfractaire à
tout travail suivi. Ce sont les seules races du monde
sur lesquelles le blanc ne puisse compter pour tra-

vailler sous ses ordres. Ceux qui consentent à s'employer restent l'exception, et encore ne s'y résignent-ils pas longtemps. La nature reprend bientôt le dessus et ils retournent à la vie sauvage. Le Chinois, l'Hindou et le nègre d'Afrique sont les trois seuls instruments dociles de la race blanche, et cette espèce de prédestination est la conséquence de leur nature ainsi que des religions et des constitutions politiques ou sociales où elle s'exprime. L'Océanien demeure et demeurera toujours en dehors de la besogne humaine: il est aujourd'hui ce qu'il était à l'origine de sa race, qui est peut-être la plus ancienne du monde, mais qui est depuis trop longtemps divisée, isolée et stationnaire pour entrer aujourd'hui dans le mouvement de la civilisation. Il est resté tout voisin de l'animal, et évoque encore maintenant l'idée de ces prognathes et de ces anthropoïdes que rêvent les évolutionnistes.

La nature l'a trahi par ses bienfaits mêmes. Qu'eût-il fait d'un costume sous un pareil climat? Pourquoi travailler la terre quand la terre lui fournissait en abondance de quoi suffire à ses besoins?

Enfermé dans sa petite île où il vit serré contre ses frères, comment aurait-il imaginé une langue compliquée et des termes généraux que ne réclamaient point ses relations étroites? Il n'a donc inventé ni l'industrie, ni l'agriculture, ni l'écriture, ni rien de ce qui distingue l'homme de la brute. A peine s'est-il donné la peine de parler. Il est resté tel que la nature l'avait créé lorsqu'elle a fait de lui un être misérable, — gratifié toutefois pour son bonheur, de la tache originelle. Il erre sous ses cocotiers dont il ramasse les fruits et le long de la mer où il recueille des coquillages, ou bien il reste assis à terre pendant de longues heures, ruminant son repas et entretenant son feu.

Il est pourtant obligé de cultiver la terre, mais sa culture se borne à l'igname et au taro, plantes à grosses racines tuberculeuses qui poussent sans exiger aucun soin, les premières dans un sol riche et profond, les secondes dans des terres humides ou inondées. La culture se fait en commun ; le chef décide un beau jour, après de longues discussions avec les « vieux » du village, qu'on ira planter les ignames. On fait choix d'un terrain, et toute la tribu, y compris les femmes et les enfants, se met en mouvement. On débrousse, on prépare la terre et on plante ; cela demande peu de travail et peu de temps. Puis chacun reprend son existence indolente et inutile, coupée çà et là par une visite au champ.

Enfin septembre arrive : c'est le moment de la récolte ; on s'en va déterrer les racines et on les rapporte sur la place du village. On invite les tribus avec lesquelles on est en bons rapports, et elles sont rares, à prendre part à ce grand événement. Tout le monde se rassemble et alors commence la fête des *ignames*. C'est un *pilou-pilou* interminable : quand le Canaque entre en liesse, il ne s'arrête plus qu'épuisé et rendu.

Pendant deux, trois, quatre jours de suite et autant de nuits, on mange, on boit, on crie, en tapant à tours de bras sur les tambours ou sur des planches et en soufflant dans les bambous ; on se livre à des danses échevelées simulant la guerre et l'amour.

J'ai vu des indigènes passer des nuits entières à sauter et courir en rond, serrés comme en rang de bataille, autour des troncs d'arbres que certains voyageurs ont pris à tort pour des idoles et qui servent seulement de grosses caisses.

Les femmes s'agitent pêle-mêle au milieu du cercle formé par la ronde des hommes, et ne se montrent pas moins excitées qu'eux. Ces ébats sont accompagnés de chants à modulations plaintives, qu'interrompent de temps à autre des cris aigus et des hurlements. Tous s'échauffent en buvant le kawa, breuvage tiré d'une racine qui est mâchée à l'avance par les femmes. Le « jus » ainsi recueilli dans des espèces de bassins en bois, subit une sorte de fermentation et procure une ivresse aussi violente que celle de l'alcool, que complique sans doute d'imaginations voluptueuses, le souvenir ou le relent de cette singulière préparation.

La fête se termine quand les derniers assistants tombent épuisés d'orgie et de fatigue. Alors seulement on prend un peu de repos et les voisins regagnent leurs villages, non sans avoir reçu en cadeau une partie des ignames récoltées et quelques morceaux de porc sauvés du gaspillage. C'est à leur tour ensuite à rendre la politesse. La récolte des ignames n'a lieu qu'une fois par an, ce qui explique l'expression de *One gnam* pour signifier « une année ».

On profite de l'occasion pour « tuer le veau gras », c'est-à-dire les cochons qu'on a engraissés avec soin, et qui se distinguent par une curieuse déformation des défenses. Pour la produire, les Canaques détournent les dents de leur direction naturelle, par un massage répété de la mâchoire de l'animal. La défense ne rencontrant aucun obstacle dès son origine, acquiert ainsi une longueur inusitée et se contourne en une sorte de bracelet dont la valeur est d'autant plus grande qu'il est plus gros et se rapproche plus de la forme circulaire. Les plus beaux servent d'insignes aux chefs et aux principaux guerriers : on est d'autant plus considéré qu'on en porte davantage.

L'alimentation des indigènes est fort simple : elle se compose d'ignames, de patates, des fruits de l'arbre à pain qui pousse sur certains points de l'archipel, de taros, de bananes et de cocos ; il faut y ajouter le poisson et le coquillage pour les tribus qui sont voisines de la mer, et enfin le cochon et la volaille qui constituent plutôt un régal qu'une nourriture habituelle.

Les volailles sont étiques et presque sauvages; elles vivent peu, faute de soins. Les cochons n'abondent qu'à Santo ; dans la plupart des autres îles, le Canaque est tellement paresseux qu'il ne prend même pas la peine de les nourrir avec les cocos qui pourtant ne manquent jamais. Aussi la viande lui fait-elle presque toujours défaut.

Comme les tribus de l'intérieur ne peuvent compter sur les ressources de la pêche, elles sont réduites à l'igname et au coco ; or, la récolte des racines se trouve parfois insuffisante, soit par le fait des inondations qui sont fréquentes, soit par suite d'un manque de prévoyance. Il arrive aussi que les plantations sont saccagées ou pillées par une tribu ennemie. Les Canaques en sont alors réduits à se nourrir de fruits et souffrent de la faim.

II. — L'anthropophagie.

Il leur faut bien alors recourir à l'anthropophagie. Cette coutume n'est pas la conséquence d'une
cruauté particulière aux sauvages, car les Indiens
d'Amérique qui sont d'une barbarie tout à fait inhu-
maine ne s'y sont jamais livrés, tandis que de nombreux exemples de cannibalisme se sont produits
chez les blancs eux-mêmes à la suite de naufrages.

L'anthropophagie naît du besoin ; elle apparaît non
seulement quand la terre ne suffit plus à nourrir les
habitants, mais quand il y a simplement pénurie
prolongée de nourriture animale. L'exemple de
l'Australie où la terre ne manquait pas, ni les ressources végétales, et où pourtant l'indigène est an-
thropophage, prouve que l'homme est foncièrement
carnivore, que sa nature lui commande impérieuse-
ment une alimentation forte et substantielle. Les
marsupiaux et les oiseaux que renferment les îles
océaniennes n'y sauraient suffire ; il lui faut de la
viande de boucherie.

Le Canaque des Hébrides cède donc à un instinct
naturel plutôt qu'à une coutume barbare, il n'est que
juste de le reconnaître. Cela ne diminue pourtant
point l'horreur du cannibalisme.

Pendant que je me trouvais à Tanna, en septembre 1887, j'appris que les indigènes avaient pendu deux femmes pour honorer la mort d'un grand chef. Ils allèrent les décrocher quelques jours plus tard alors qu'elles commençaient à entrer en décomposition, et les transportèrent dans leurs cases pour les manger en grande fête. Ils oublièrent heureusement de nous inviter à ce régal de gourmets.

Les Canaques n'ignorent pas que de telles coutumes sont énergiquement réprouvées par les blancs, et que lorsqu'ils ont massacré un Européen, la répression sera plus forte si le crime a été suivi d'anthropophagie. Malgré cela, il est rare que le meurtre d'un homme blanc ou de couleur ne donne pas lieu à un grand *kaïkaï* (festin). Quelquefois même la chair humaine fait l'objet d'un trafic d'île à île. Le fait s'est produit tout dernièrement à deux reprises différentes dans le sud de Santo. Malheureusement les blancs ne sont jamais prévenus et restent impuissants à prévenir ces actes de barbarie.

Le cannibalisme est moins fréquent chez les tribus de la côte, qui ont toujours la ressource de la pêche, très fructueuse dans ces parages. J'ai vu les Canaques des Loyalty cerner des bancs de poissons à marée basse et après avoir restreint lentement leur cercle, plonger tous au même signal sur l'animal effaré qu'ils attrapaient ainsi à la main.

Le Canaque des Hébrides, moins agile, se sert quelquefois d'hameçons faits d'arêtes de poisson, mais il n'a pas la patience de tendre l'appât et recourt presque toujours à ses flèches ou à une sagaie qu'il lance fort adroitement comme un harpon. Les femmes elles-mêmes sont très habiles à plonger après avoir tiré le poisson.

Les pirogues sont faites d'un tronc d'arbre creusé

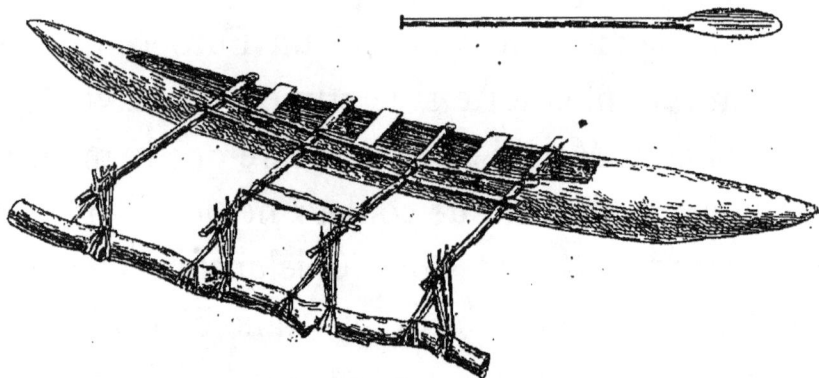

où sont fixées perpendiculairement des branches de bois léger reliées à un flotteur parallèle au canot. Ce flotteur est un baliveau formant balancier qui empêche le bateau de chavirer. La même forme de bateaux se retrouve aux Indes et principalement à Ceylan. Ces pirogues sont ordinairement montées par huit à douze personnes. Hommes et femmes pagaient avec un morceau de bois de trois pieds de long environ. On se sert aussi de grandes nattes en guise de voiles.

III. — La femme et le mariage.

Les femmes, comme chez tous les sauvages, prennent la plus grande part des travaux : ce sont les bêtes de somme de l'homme, ce qui ne les empêche pas de s'occuper de leurs enfants qu'elles paraissent nourrir avec assez de soin et qu'elles emportent à califourchon sur leurs hanches dans toutes leurs courses.

L'institution du mariage existe chez les Canaques, et elle est entourée de cérémonies rituelles qui en consacrent la solennité. Dans certaines îles on soumet le fiancé à la réclusion et même à certaines épreuves. De son côté, la jeune fille accomplit une retraite dans une case isolée où de respectables matrones la préparent à sa nouvelle existence.

A Santo et à Mallicollo, les Canaques sont assez jaloux de leurs femmes ; à Tanna, on compromettrait son existence en s'occupant d'elles. En revanche, à Maévo, Aoba et dans la plupart des autres îles, les indigènes sont d'une complaisance illimitée — et d'ailleurs toujours intéressée.

IV. — La guerre.

La disette et la femme, voilà les deux causes qui ont amené les innombrables divisions qui séparent les tribus dans les îles ; c'est l'éternelle histoire de la belle Hélène. La moitié des Hébrides est en guerre avec l'autre, la lutte engagée de voisins à voisins, de côte à côte, d'île à île. Elle ne donne heureusement pas lieu à des batailles rangées, autrement il n'y aurait plus d'habitants depuis longtemps déjà. C'est seulement un état d'hostilité continue qui dure souvent plusieurs années. Chaque tribu a son domaine parfaitement délimité par des gros arbres ou des accidents de terrain. Toutes les fois qu'un indigène dépasse de quelques mètres son territoire, ceux de l'autre tribu lui tirent dessus. Mais si chacun reste chez soi, il y a rarement une attaque.

Cette situation fait qu'on ne peut jamais trouver dans ces îles un guide qui consente à vous accompagner à quelque distance. Il serait même dangereux de l'y contraindre, parce que les indigènes des autres tribus voyant des étrangers avec un de leurs ennemis, tireraient immédiatement sur eux. Quelquefois les rapports entre deux villages voisins de-

viennent tellement tendus et les attentats donnent
lieu à de telles représailles, qu'une des tribus prend
la résolution de porter la guerre chez l'autre. Un
véritable combat alors s'engage, précédé de grands
discours, rassemblements et cris.

Le Canaque a besoin de s'exciter artificiellement
pour se décider à attaquer son ennemi en face. Il
« se peint en guerre » et se fait la figure la plus terrible qu'il peut. A Tanna, il se bariole de noir et de
rouge des pieds à la tête, ce qui, avec ses longs cheveux liés sur la tête et retombant en petites tresses
jusque dans le milieu du dos, lui donne un aspect
des plus belliqueux.

En pareil cas, la lutte finit par l'extermination
d'une des deux tribus et la conquête de son terrain.
Les vaincus qui réussissent à s'échapper se réfugient
où ils peuvent, mais ils sont souvent massacrés par
ceux à qui ils vont demander l'hospitalité.

L'empoisonnement joue aussi un grand rôle dans
ces querelles. A Pentecôte, Api et Mallicolo, les naturels sont très habiles à préparer des poisons violents avec le suc de certaines plantes et l'écorce de
certains arbres. Mais ils gardent une réserve absolue
quand on cherche à obtenir des renseignements à
ce sujet. On suppose que le croton est le principal
élément de ces préparations. Ils empoisonnent une
igname ou une banane par quelques simples piqûres

que l'œil expérimenté d'un Canaque peut seul dé-
couvrir. Cela suffit pour donner la mort. Bien souvent les marins trafiquants ou coprah-makers ont
payé de leur vie un cadeau de fruits ou de poissons
trop facilement accepté. On m'a montré, à Mallicolo,
l'emplacement d'une tribu qui aurait été entièrement
empoisonnée, quelques années auparavant, par une
vieille sorcière.

Ces faits sont assurément de nature à inspirer de
la prudence aux Européens, dans les relations qu'ils
sont amenés à nouer avec les indigènes.

CHAPITRE VI

CARACTÈRE DES INDIGÈNES. — REPRÉSAILLES.
MALADIES.

———

I. — Caractère des indigènes.

Les indigènes des Nouvelles-Hébrides sont aussi bornés et superstitieux que fourbes et sanguinaires. S'il leur survient un événement fâcheux, comme la perte d'une récolte, la mort d'un chef ou d'une femme, au moment où des blancs se trouvent parmi eux, ils n'hésitent pas à en rejeter la responsabilité sur ceux-ci, qui courent alors quelque danger.

Dans l'île de Tanna, où Cook avait déjà eu fort à se plaindre des habitants qui l'avaient empêché de pénétrer dans l'intérieur des terres, nous eûmes l'occasion de faire l'exploration d'un cratère. Plusieurs mois après, des secousses volcaniques amenaient des mouvements de terrains et des excavations ; nous fûmes avisés par des trafiquants qu'il y aurait péril pour nous d'y revenir, car les Canaques nous accusaient d'être la cause de ces perturbations.

C'est le plus souvent par superstition et par vengeance, rarement par cupidité, qu'ils massacrent les coprah-makers installés au milieu d'eux. Il est d'ailleurs difficile de deviner leur hostilité, car elle se dissimule avec une perfidie consommée : ils vous accueillent avec des démonstrations d'amitié et même des présents au moment même où ils se préparent à vous attaquer. Le Canaque ne prend jamais l'offensive quand il se sait exposé à quelque danger, et trouve les blancs très ridicules de faire ce qu'on appelle la « guerre ouverte ».

Il faut pourtant reconnaître aux Hébridais certaines qualités qu'on est tout étonné de trouver chez des sauvages : quand ils n'ont pas été *civilisés* par l'école évangélique ou laïque, ou même par des relations trop fréquentes avec les blancs, quand ils ont conservé le caractère et les instincts de leur race, ils montrent beaucoup de droiture et d'honnêteté dans les transactions et restent esclaves de leur parole.

Ils ont même un grand respect de la propriété. Je n'ai jamais pu me faire céder par un Canaque, dans les îles, un objet appartenant à un de ses camarades absents, quelque minime qu'en fût la valeur et quelque prix que j'en offrisse. Souvent notre goëlette s'est trouvée remplie de Canaques depuis le matin jusqu'au soir, sans qu'il fût possible d'exercer aucune surveillance : rien n'a jamais manqué après leur départ. Jamais une acquisition faite par moi dans un village n'a fait défaut au départ de notre bateau, alors qu'il était si facile au vendeur de disparaître au lieu de l'apporter à bord. Enfin il est arrivé à tous ceux qui ont voulu acheter des terrains dans ces îles de se heurter à des refus catégoriques, parce que les Canaques déclaraient avoir déjà vendu la parcelle désirée. Souvent le marché précédent datait de quatre ou cinq ans, et personne ne savait le nom du capitaine avec qui il avait été conclu ; aucun contrôle, aucune revendication n'était possible : ils n'écoutaient pourtant que leur loyauté.

Ils ne se livrent à des supercheries de ce genre que lorsqu'ils sont corrompus par un long commerce avec les blancs. Ce sont ces derniers qui les sollicitent et parfois les décident à vendre de nouveau ce qui a déjà été payé afin de créer des contestations de propriété dont ils espèrent profiter.

Les Hébridais sont capables de docilité et même de soumission. Quand ils acceptent de travailler sous les ordres d'un blanc et qu'ils l'ont reconnu pour « master », ils lui obéissent aveuglément. On peut les employer comme marins, comme mineurs, comme serviteurs et au besoin comme soldats, ils ne font aucune objection. Et l'on abuse souvent de leur facilité. J'ai vu imposer à des engagés sept et huit heures d'aviron de suite sans qu'il sortît une plainte de leur bouche. On leur accorde alors comme gratification un doigt de gin. Certains leur donnent une nourriture à peine suffisante, pour qu'ils ne meurent pas de faim ; beaucoup ne les paient jamais, les battent et les maltraitent de toutes façons ; il est rare néanmoins qu'ils cherchent à se soustraire au servage qu'ils ont accepté. Faut-il leur en faire honneur ; je ne sais trop : c'est plutôt l'obéissance passive de la brute que la résignation volontaire de la personne raisonnable. Cependant, pour être juste, j'avouerai qu'ils n'ont pas les défauts de l'animal à demi libre : ils ne sont ni inconscients, ni voleurs ; j'ai toujours occupé des Canaques hébridais sans qu'ils m'aient dérobé ni un sou, ni un objet, et quand, le jour venu du règlement, j'oubliais de déduire une avance que je leur avais faite, ils me la rappelaient eux-mêmes.

Je le maintiens donc, et quiconque a vu de près ces indigènes sera de mon avis, ils ne deviennent déloyaux que par leur contact avec la civilisation. C'est de même l'importation de l'alcool qui a vulgarisé chez eux l'ivrognerie, autrefois exceptionnelle quand ils ne connaissaient que le kawa.

Rien d'étonnant d'ailleurs à ce qu'ils prennent plutôt les vices que les qualités des blancs, étant de race inférieure.

II. — Représailles.

Quand les Canaques ont été victimes d'un mauvais procédé de la part d'un bateau trafiquant et qu'ils ne peuvent s'en venger sur les auteurs mêmes, ils le font payer aux bateaux suivants : « blanc pour blanc », c'est une variété de la loi de Lynch. En raison de ce singulier principe, on ne sait jamais, quand on s'approche d'un point quelconque d'une côte, comment on sera reçu, car on ignore comment ceux qui ont passé la veille s'y sont comportés. Aussi ne descend-on jamais à terre sans prendre des précautions. Tout le monde s'arme avant d'aborder ; l'embarcation fait demi-tour à cinquante mètres du rivage, de façon à maintenir l'avant au large ; on choisit un endroit découvert, les rameurs restent sur leurs avirons, les autres ont le fusil en main, et l'on ne débarque que si les femmes se montrent sur la plage avec les hommes. Si elles font mine de se retirer à mesure qu'on approche, et surtout si l'on voit des sauvages embusqués dans la brousse, il faut se hâter de prendre le large. On ne doit s'aventurer sur terre que lorsqu'on est bien convaincu des dispositions pacifiques des habitants : en cas de doute, il vaut mieux traiter du bateau même auprès duquel ils s'approcheront si on les hèle.

Malgré toutes ces mesures de prudence, il n'y a pas, pour ainsi dire, un seul rivage de ces îles qui n'ait été le théâtre de meurtres ou tout au moins d'attentats. Les attaques se sont le plus souvent produites lorsque les traitants, abusés par les démonstrations pacifiques et même amicales, se sont laissé entraîner loin de leurs embarcations.

Les agressions sont moins à redouter de la part des indigènes de l'intérieur, « men of bush », ils sont plus grossiers, plus sauvages que ceux de la côte, mais moins défiants et moins avides. Il est vrai qu'ils n'ont pas autant que les autres l'excuse de représailles à exercer, n'ayant que peu ou point de rapports avec les étrangers.

Il est difficile de décider lequel du blanc ou du noir a commencé à tromper et à tuer l'autre. Je crois bien que tous deux peuvent faire également leur *meâ culpâ*. Mais, en ce qui me concerne, je n'ai eu que bien rarement à constater des dispositions réellement hostiles chez les indigènes, et jamais sans raison. Une fois, à Mallicolo, j'avais eu l'imprudence de me rendre, avec deux de mes amis, dans la montagne, à un *pilou-pilou* auquel nous n'étions pas invités. Les indigènes, à moitié ivres et très excités, sautèrent sur leurs armes et accoururent sur nous. Nous eûmes heureusement le temps de rallier un gros arbre de façon à ne pas être entourés, et, après avoir longuement parlementé, nous parvînmes sains et saufs au bateau. L'issue de l'aventure eût été douteuse si nous n'avions saisi des notables qui nous servirent à la fois de guides et d'otages.

Un autre jour, c'était à Santo où nous nous étions rendus pour chercher les traces d'un cutter qui venait d'être brûlé, après l'égorgement de l'équipage. Bien nous en prit d'être sérieusement armés, car les Canaques, croyant que nous venions venger le massacre des Européens, nous auraient attaqués s'ils n'avaient été tenus en respect par le tir de nos winchester.

Enfin, à Tanna, nous faillîmes être victimes d'un guet-apens que je raconterai plus loin.

Il m'est arrivé quelquefois de visiter des villages reculés, où les Canaques n'avaient jamais vu de blancs. Leur premier mouvement était de s'enfuir ; ils revenaient ensuite et nous entouraient avec curiosité, mais sans ombre d'hostilité, nous palpant tout le corps, les bras et les mollets surtout, agitant leurs mâchoires et faisant claquer leur langue contre leur palais. A vrai dire, je n'ai jamais pu savoir si c'était là un signe d'amitié ou la manifestation naïve d'un désir de cannibale. Les pauvres diables, qui sont généralement fort maigres, témoignaient d'une pro-

fonde admiration pour ceux d'entre nous qui jouis-
saient d'un aimable embonpoint, estimant sans doute
que ce devaient être de grands personnages dans
leur pays, pour être aussi bien nourris. Dans certains
villages ils allaient jusqu'à ouvrir nos vêtements
pour examiner notre poitrine, et relever les jambes
de nos pantalons pour voir et toucher nos jambes.
Leurs claquements de dents et de lèvres étaient alors
des plus significatifs.

III. — Maladies.

Les principales maladies, celles qui tuent la plupart des indigènes, leur ont été apportées par les blancs. Cette race n'est pas assez forte ni assez malléable pour supporter la civilisation : elle périt plutôt que de s'assimiler. Partout où apparaît le blanc, que ce soit comme trafiquant, comme colon ou comme conquérant, le Canaque disparaît peu à peu, de gré ou de force. Le blanc sait d'ailleurs l'y aider.

En dehors des fièvres et des maux communs à tous les pays, l'Hébridais souffre surtout de la phtisie et de la dysenterie. La lèpre a été introduite depuis longtemps chez lui par des indigènes revenant de l'Orient. L'éléphantiasis règne également dans plusieurs îles ; il produit parfois de véritables monstruosités.

Mais le *tonga* est encore la maladie la plus répandue ; on peut même dire qu'elle est générale. Les médecins ne sont pas d'accord pour la caractériser : les uns la rangent dans la catégorie des lèpres, les autres dans celle de la syphilis. D'après la dernière hypothèse, qui est la plus probable, c'est encore aux blancs qu'ils en sont redevables.

Le tonga se transmet surtout par hérédité. Il se déclare dès la première enfance; la jambe enfle peu à peu; vers quatre ou cinq ans, une plaie se déclare au mollet ou à la cheville et se développe sur une étendue de dix à douze centimètres. Elle ronge la chair et arrive souvent jusqu'à l'os; grâce à cet exutoire, qu'il garde quelquefois toute sa vie, le membre se dégonfle et le malade devient un peu plus ingambe. Quelquefois la plaie se cicatrise, mais la jambe ne tarde pas à se regonfler; la plaie se rouvre pour se recicatriser, et ainsi de suite.

Le traitement est à peu près le même que celui de la syphilis: il faut appliquer des cataplasmes sur la plaie et pratiquer des lavages phéniqués jusqu'à disparition complète de toute enflure. L'iodoforme est ensuite le remède le plus efficace. On achève enfin la guérison en administrant un dépuratif puissant tel que l'iodure de potassium. J'ai pourtant vu guérir des malades avec de simples bains de jambes prolongés pendant deux ou trois mois, à raison de plusieurs heures par jour, dans de l'eau de rivière très courante et très claire.

Les Canaques ne connaissent pas de remède pour cette maladie, avec laquelle ils vivent très bien, trouvant peut-être plus d'inconvénients à fermer l'exutoire qu'à le garder ouvert.

On a prétendu, à tort, que les blancs n'attrapent

pas le tonga. J'en connais des cas, — très rares, il est vrai, mais certains, — survenus chez des adultes à la suite du commerce avec des femmes canaques. J'ai vu enfin plusieurs enfants entièrement blancs, nés de pères et mères européens de race pure, infectés de cette terrible maladie. Chacun avait sa plaie à la cheville et au mollet. Le plus jeune n'en était qu'aux signes précurseurs, l'enflure totale de la jambe.

Les vêtements de toile dont les blancs ont réussi à donner le goût aux indigènes de certaines contrées contribuent largement au développement des maladies de poitrine : on peut dire qu'ils se changent en tunique de Nessus, car les malheureux ne les quittent plus, même quand ils ont été mouillés, se figurant combattre, en les gardant, le froid qu'ils ressentent. Après quelques averses, ils sont atteints d'une bonne bronchite qui hâte le dénouement de la phtisie dont ils portaient déjà le germe.

Quant au vin et à l'alcool, ils ne leur demandent que l'ivresse, qui vient encore aggraver toutes les maladies.

Enfin, la population de certaines îles est décimée par la syphilis proprement dite, que les Canaques ne savent pas soigner, et qu'ils répandent eux-mêmes à plaisir sans s'en préoccuper. Avec de tels moyens de civilisation, le blanc ne tardera certainement pas à rester seul possesseur des Nouvelles-Hébrides : l'exemple de l'Australie et de la Nouvelle-Zélande ne permet pas le moindre doute à cet égard[1].

Les Canaques ont des sorciers ou docteurs (*taka-tas*) qui les soignent avec certains breuvages dont il est difficile d'apprécier l'efficacité. Il y a pourtant un fait curieux à noter dans leur médecine, c'est la façon dont ils guérissent les douleurs et inflammations intérieures par des incisions sur la partie de la peau qui correspond à la région souffrante. Le patient se couche sur le sol et le « takata » pratique son opération avec une pierre grossièrement aiguisée.

Ces coupures ou déchirures, souvent irritées par la terre ou d'autres matières impures qui s'y logent, se mettent à suppurer et constituent des révulsifs analogues à ceux dont fait usage notre médecine.

On trouve des traces de traitements analogues en Afrique, en Chine, etc., ce qui prouve que l'épiderme est universellement reconnu comme le plus puissant moyen de révulsion et de curation que la nature nous ait fourni.

---

1. Les Anglais prétendent que les trois moyens les plus efficaces de conquête dans les terres nouvelles sont : *the gin, the clothes, and...* small pox.

CHAPITRE VII.

IRRÉLIGION. — SOCIALISME. — EXTINCTION DES INDIGÈNES.

I. — Irréligion.

Pour prouver la légitimité et la nécessité des dogmes religieux, les théologiens commencent par essayer d'en établir l'universalité. Aussi sont-ils amenés à affirmer qu'on trouve chez tous les peuples, même les plus sauvages, le besoin et la manifestation de croyances supérieures. Sans vouloir entrer dans la discussion directe de cette « preuve de l'existence de Dieu par le consentement universel », je dois à la vérité d'avouer que pour ma part j'ai constaté l'absence de tout sentiment religieux chez les Canaques.

C'est à tort, à grand tort, qu'on a confondu les troncs d'arbres *tabous,* dont nous avons parlé, avec des idoles. Ceux qui ont visité ces îles, non en passant, mais en y séjournant assez pour les connaître

à fond, sont unanimes à déclarer que les naturels ne
rendent aucun culte à ces grossiers morceaux de
sculpture et n'y attachent de valeur qu'en raison de
la peine qu'ils ont eue à les fabriquer. L'objet lui-
même sert de tambour, et sa signification à la porte
d'une case est celle d'un poteau portant cette inscrip-
tion : « Défense de passer » ou « Défense d'entrer ».
Le mot *tabou* n'a pas d'autre sens, il signifie « réservé, soustrait au trafic et aux usages personnels ».

Les Hébridais n'ont de vénération pieuse, ni pour
leurs ancêtres, ni pour un dieu quelconque ; on
n'observe chez eux aucune trace de fétichisme, aucun soupçon de la possibilité d'une existence ulté-
rieure, ni de peines ou de châtiments extérieurs à
la vie présente, enfin, aucune des idées et des sentiments sur lesquels se fonde une religion. Les
superstitions auxquelles nous avons fait allusion
ne concernent que l'influence occulte des individus,
et ne font jamais intervenir un être supérieur, dé-
mon ou génie. C'est vraiment ici l'Éden des positi-
vistes.

II. — Socialisme.

Une dernière remarque réjouira davantage encore les partisans des doctrines communistes : les Nou-velles-Hébrides sont une des rares contrées où l'on constate l'application intégrale du pur socialisme. Les grandes idées de liberté, d'égalité et de fra-ternité trouvent enfin leur patrie... chez les Cana-ques, — au moins parmi les membres d'une même tribu.

Là chacun est libre, puisque personne n'est assujetti à aucun travail ; tous sont égaux et frères, puisqu'il n'y a aucune distinction de classe, de fortune, ni de famille dans la tribu. La récolte indispensable pour vivre se fait en commun, et tout est partagé entre tous, par portions équivalentes, sous les ordres d'un chef qui est plutôt un répartiteur qu'un maître.

Ajoutons que le résultat de l'expérience est con-cluant : l'homme n'ayant aucun intérêt à travailler plus que son voisin, travaille le moins possible, et reste dans l'état où la nature l'a créé. Est-ce là ce que rêvent les socialistes ?

Et comment en serait-il autrement ? Le progrès, en effet, dépend de lois naturelles que nous ne pouvons changer, et auxquelles nous sommes soumis de par la volonté d'un Dieu *bon et juste,* ou par la nécessité de l'ordre universel. Or, ces lois entraînent l'inégalité, le manque de liberté et l'absence de toute fraternité entre les hommes.

Nous apportons en naissant des forces physiques et une puissance intellectuelle inégales à celles de notre prochain ; l'état des fortunes complique et continue cette disproportion. En outre, nous ne travaillons que pour améliorer notre condition ; or celle-ci ne s'améliore sensiblement que lorsqu'elle devient supérieure d'une façon quelconque à celle de nos voisins : inégalité dans le point de départ, dans les moyens et dans le but.

Nous ne sommes pas libres, parce que nous ne pouvons prospérer, ni même vivre qu'en nous astreignant à un travail opiniâtre qui impose mille entraves à notre indépendance. La famille et la société, la politique et la religion excluent pareillement la liberté : nous nous heurtons partout à des *lois* auxquelles nous sommes obligés de nous soumettre parce qu'elles sont les conditions de notre existence matérielle et morale.

Enfin la fraternité n'est pas davantage compatible avec la civilisation, car ce n'est pas en partageant fraternellement toutes choses avec les autres hommes, que nous arriverions à élever notre condition. Nous sommes bien obligés de les coudoyer et même de les rudoyer quelque peu, pour nous faire place dans la mêlée universelle, — les égoïstes nécessités de la « lutte pour la vie » ne dépendant pas de notre choix. C'est la « loi du plus fort » qui est toujours sinon « la meilleure » au moins la plus sûre.

III. — Extinction des indigènes.

Les Hébridais, qui résistent à la force, périront par la force comme tous les indigènes de l'Océanie. Quand la civilisation aura définitivement triomphé de la barbarie, il restera encore de la marge pour faire de l'humanité avec ceux qui se seront soumis : d'ici-là tous ceux qui lutteront devront disparaître, et il n'est point douteux que ce ne soit là le sort réservé aux Canaques.

Le premier symptôme de cette disparition est la diminution des naissances, signe certain de dégénérescence, qui s'est manifestée dans toutes les îles à partir du jour où les blancs y ont débarqué et qui s'est graduellement accentuée, à mesure que la colonisation augmentait. C'est la destinée fatale de toute race inférieure, mise en contact avec une race prévalente, et cette triste loi semble trahir le découragement d'êtres condamnés qui jugent la lutte inutile.

Un autre phénomène, d'ordre inconscient celui-là, et qui se retrouve, paraît-il, chez tous les peuples qui s'en vont, a été observé chez les Canaques : c'est l'excédent des naissances mâles sur les femelles, qui contribue naturellement à la diminution de la population. Le contraire se produit dans les colonies jeunes et vigoureuses qui sont encore en plein essor.

CHAPITRE VIII

LES COPRAH-MAKERS. — LA POPULATION BLANCHE.

LE RECRUTEMENT.

———

I. — Les coprah-makers.

Le mot de « commerce » ne peut être exactement appliqué aux échanges qui se font dans les Nouvelles-Hébrides : car le Canaque, — qui d'une part n'a pas de besoins, et d'autre part ne travaille jamais, — ne donne matière à aucun trafic régulier. Le mot « industrie » n'a pas de sens ici. Quant aux denrées agricoles, elles se bornent aux ignames dont l'indigène récolte tout juste assez pour sa subsistance.

Nous avons indiqué déjà quels articles les blancs importent dans les îles ; en échange elles leur fournissent des cocos, du coprah et des travailleurs.

Le coprah est la pulpe du coco séchée au soleil ou à la fumée ; la noix sert elle-même de combustible pour la préparation. Le coprah préparé au soleil, de préférence sur une plage, est plus blanc et plus apprécié. Le Canaque est trop paresseux pour le travailler lui-même : il y a très peu d'endroits où il prenne cette peine ; il se borne à apporter les noix aux blancs établis dans les îles. Ceux-ci, qui prennent le nom de *coprah-makers,* se font aider de quelques travailleurs pour fendre les fruits ; puis ils les font sécher et en détachent la pulpe. Le contenu de douze à quinze noix vaut une figue de tabac (o fr. 10 c. environ).

Les coprah-makers vivent en danger continuel d'être tués ou volés, à cause de leur isolement au milieu de ces tribus sauvages. Quand on veut fonder une station de coprah, on débarque le futur trafiquant sur une plage aussi éloignée que possible de toutes les autres stations afin d'éviter la concurrence. En deux jours on lui construit une hutte de branchages et on lui fournit un baril de viande salée, un sac de farine, une caisse de tabac, des pipes, des allumettes, enfin un bon rifle et des cartouches, quelquefois une caisse de gin : c'est malheureusement sa seule consolation.

Si l'on peut disposer d'un ou deux Canaques, on les lui laisse ; il sait qu'il peut compter sur eux pour sa défense, car étrangers à l'île, ils courent les mêmes risques que lui. De plus, ils sont plus laborieux que ceux du pays, qui ne s'engageraient qu'au jour le jour. Le bateau met ensuite à la voile pour ne reve-

CASE DE COPRAH-MAKER

D'après une photographie de M. PEACE, photographe à Nouméa.

nir qu'un mois ou deux après. Pendant ce temps-là, le coprah-maker ne devra compter que sur lui-même en cas de maladie ou d'agression de la part des Canaques.

Il aura même à répondre de tous les méfaits que commettront les bateaux de passage, des malentendus et des discussions qui pourront surgir entre les trafiquants et les indigènes ; car on sait quels sont les principes des Canaques sur ce point. Aussi les meurtres ou les attentats commis sur les coprah-makers ne sont-ils pas rares.

A tous ces risques, il faut joindre encore les jalousies provoquées par les femmes. Quelle que soit la réserve du blanc à ce sujet, — et elle n'est pas toujours parfaite, — on le rendra responsable d'une préférence qu'il aura inspirée, même à son insu, et dont il ne saura prévenir la manifestation.

Dès que le coprah-maker sent qu'il est devenu l'objet d'une suspicion, ou d'un mauvais vouloir de la part de la tribu, il ne lui reste qu'à faire des signaux au premier bateau qu'il aperçoit, pour transporter ses pénates ailleurs ; sa confiance ou sa négligence ne pourrait que lui être fatale, ou tout au moins le compromettre. S'il persiste, le Canaque l'attaquera en traître et le tuera pendant son sommeil ; ou bien, il aura recours au poison ; c'est l'arme qu'il préfère, parce qu'il lui est facile ensuite d'affirmer que la victime a succombé à la fièvre ou à toute autre maladie.

Il n'est pas une station dans Tanna et dans Api où des attentats de ce genre ne se soient produits. Certaines îles, au contraire, comme Erromango et Sandwich, offrent une sécurité presque absolue. Malheureusement le coco y est rare.

Cette vie peu fatigante, mais rude, ne rapporte pas de gros bénéfices : un bon coprah-maker doit vivre bien sobrement pour mettre par an 3,000 à 6,000 fr. de côté. Cette carrière ne tente guère que d'anciens marins, des métis, quelquefois des déclassés, des aventuriers rompus à tous les dangers et à toutes les maladies, hommes d'énergie et d'expérience, qui se sont trouvés un beau jour obligés d'aller gagner leur vie dans des pays soustraits à toute loi. Certains sont des épaves de bonnes familles, — on le devine du moins, car nul ne sait au juste qui ils sont, ni d'où ils viennent.

Pendant la morte saison du coprah, de décembre à mars, époque où le cocotier produit le moins et où les Canaques frappent eux-mêmes souvent de *tabou* ou d'interdiction le commerce de ses fruits, le co-prah-maker se fait pêcheur de *biche-de-mer*. Il arme une baleinière et quitte pour deux ou trois mois sa station.

La biche-de-mer, qui est avec le coprah la seule

production de l'archipel, est une grosse chenille marine noire, semblable à un boudin mou et laiteux. On la pêche sur les rochers, à marée basse, on la fait sécher, on l'emballe dans des barils et on l'envoie en Chine. Les Chinois font de grands sacrifices pour se procurer ce mets de choix qui atteint des prix élevés. La tonne du produit bien préparé et de bonne qualité se vend jusqu'à 2,500 fr., tandis que le coprah n'est guère payé, dans les îles, plus de 175 à 200 fr. les mille kilogr.

La biche-de-mer ou *holothurie* est surtout recherchée à cause de ses vertus aphrodisiaques.

II. — La population blanche.

Le chiffre des blancs établis aux Hébrides pouvait être estimé en 1887 à 150 environ. Sur ce nombre on comptait une quinzaine de missionnaires, Anglais protestants ou Français catholiques, établis à Tanna, Erromango, Sandwich, Api, Mallicolo, Ambrym et Santo.

L'île Sandwich, la seule où se soient produits de sérieux essais de culture, tentés par la *Société des Nouvelles-Hébrides,* comptait à elle seule une cinquantaine de blancs, en dehors des missionnaires. Le reste se répartissait entre Mallicolo, Api, Aoba, Santo, Ambrym, Aurora, etc.

L'île Pentecôte n'avait aucune station à cette époque. C'est là que fut tué, en décembre 1887, un de mes amis, Lee Walker, dont le meurtre fut charitablement imputé aux Français par les journaux australiens. Constatons en passant que l'Australie professe contre la France une animosité et une hostilité que nous avons le bon goût de ne pas lui rendre.

Pour remonter à l'apparition de la population blanche dans les Hébrides et suivre les traces de ses établissements successifs, il faudrait recourir aux souvenirs des hardis marins qui, depuis quarante ans, parcourent ces parages sur de frêles coquilles de noix montées par des équipages de huit ou dix indigènes.

Que de romans ces marins, trafiquants, recruteurs pourraient tirer de leurs équipées et aventures avec les indigènes, bons ou mauvais tours joués réciproquement aux uns par les autres, différends trop souvent réglés par le fusil ou les flèches empoisonnées !

Ces récits qui se transmettent de bouche en bouche, ne seront malheureusement jamais écrits, car les auteurs se soucient peu de laisser derrière eux des œuvres littéraires pour intéresser leurs contemporains ou leurs descendants.

Où êtes-vous, braves boucaniers et vieux « frères de la côte », héros des époques disparues ? Vous auriez eu et auriez encore de beaux jours à vivre dans certains archipels de l'Océanie. — Il faut bien avoir quelque indulgence pour les courageux pionniers de la civilisation qui suivent vos traces, car après tout, les premiers qui ont usé de violence, les véritables « outlaws », ne sont-ce pas les indigènes eux-mêmes, à qui l'on ne fait que rendre les traitements que l'on reçoit d'eux ?

Certes, je ne défendrai pas les actes rendus publics par les jugements des tribunaux, — achats de marchandises payés avec des caisses de tabac remplies de

cailloux, bateaux mettant à la voile au milieu de la
nuit pendant qu'un orgue de Barbarie et un tonneau
de trois-six enivrent les indigènes, hommes, femmes
et enfants, surpris dans une orgie dont le dénouement sera une vente lucrative, pêches à la dynamite
au milieu de pirogues dans la charitable intention
de sauver du naufrage, — en les mettant à fond de
cale, — ceux qui vont se noyer...

Mais, d'un autre côté, combien de blancs traîtreusement assassinés et sans aucun motif ! Combien
d'embarcations enlevées, pillées ou brûlées après le
meurtre de leurs équipages, de schooners eux-mêmes
attaqués par les sauvages !

« Pourquoi restez-vous en Calédonie ? disait une
fois un de ces aventuriers à quelqu'un de nos amis.
Venez avec moi, on ne peut rien faire ici : *il y a un
Gouvernement ?* »

Les Hébridais parlent encore avec un respect bien
mérité du capitaine « One leg », ainsi surnommé
parce qu'il était amputé, à la hauteur du mollet,
d'une jambe perdue à la guerre, ce qui ne l'empêchait
pas de marcher comme un homme valide, grâce à
un appareil de caoutchouc. Cerné un jour par les
Canaques et se voyant presque perdu, il eut l'idée
lumineuse de retirer sa jambe articulée et de courir
sus aux indigènes, en sautant sur eux, — c'est le cas
de le dire, — *à pied levé.* Les Canaques poussèrent

des cris effroyables et se sauvèrent dans toutes les directions, le prenant pour le diable.

Somme toute, rendons justice à ces audacieux défricheurs, instruments nécessaires de la civilisation, obligés d'ouvrir un chemin au progrès, quelquefois même par la hache et le feu, dans les forêts nouvelles.

Si ce ne sont pas des modèles de douceur et de correction, ce sont du moins des âmes vigoureusement trempées, des hommes au plein sens du mot, dont la rude existence décuple l'énergie et le mépris de la mort.

III. — Le recrutement.

Le recrutement des travailleurs a toujours été un des aliments les plus actifs de la navigation dans cet archipel : les principales destinations des engagements sont le Queensland, les Fidji et les Samoa.

Les colonies françaises restent en dehors du mouvement, et voici pourquoi : en 1882, l'amiral Courbet, gouverneur de la Nouvelle-Calédonie, proposa au ministère de prohiber l'immigration qui avait été tolérée jusqu'alors dans la colonie; on ignore encore à Nouméa les motifs qui poussèrent l'amiral à prendre cette funeste détermination.

L'embauchage des insulaires voisins se faisait à ce moment sous la surveillance de commissaires du Gouvernement, embarqués à bord de chaque bateau recruteur et payés par les armateurs. Il s'était, il est vrai, produit des abus à bord de certains bateaux; mais où ne s'en glisse-t-il pas? Ce n'était pas une raison suffisante pour supprimer une institution aussi manifestement utile; car la loi, très sévère en pareille matière, avait sévi partout où il y avait eu délit.

Fut-ce par raison d'humanité un peu sentimentale? Fut-ce par crainte de voir l'Angleterre, que sollicitaient alors très vivement les sociétés bibliques, nous devancer dans la protection des indigènes, de telle sorte que nous aurions semblé ensuite venir à sa remorque ? Fut-ce enfin pour assurer le travail aux forçats libérés, que le Gouvernement était forcé d'entretenir et qui ne pouvaient soutenir la concurrence des Canaques ? Toujours est-il que l'immigration fut abolie, le 30 juin 1882, par un simple décret ministériel.

Les colons protestèrent et eurent gain de cause : le 25 novembre 1883, l'interdiction fut rapportée ; mais quinze mois après (février 1885), elle était rétablie, et cette fois la dépêche ministérielle en avouait le motif : protéger les libérés. C'était une mesure arbitraire et illibérale, mais le ministre est tout-puissant dans cette colonie qui, privée de tout représentant, reste soumise à son bon plaisir. En effet, le Conseil général n'est là que pour la forme : le Gouvernement lui impose toutes les dépenses qui lui conviennent. Contrairement au premier principe de la Révolution, qui veut que tout citoyen soit appelé à voter l'impôt qu'il paie, les colons sont astreints à des contributions qu'ils ne discutent pas, taillables et corvéables à merci, comme au beau temps de la féodalité.

Depuis lors le ministère n'a pas voulu entendre parler d'immigration : son but est de forcer les colons qui manquent de Canaques à employer, même dans leur intérieur, les forçats sortant de prison. C'était déjà beaucoup de placer un bagne dans cette colonie, qui ne demandait qu'à prospérer : c'est trop d'en faire un vaste pénitencier, alors qu'elle n'avait jamais été destinée à cet emploi.

Il restait à la Nouvelle-Calédonie un moyen de rétablir indirectement l'immigration : c'était de faire adopter par son conseil privé, un arrêté local semblable à ceux qui sont en vigueur depuis trente ans à la Réunion et à Natal, et d'après lesquels les travailleurs libres, débarquant dans la colonie sans contrat d'engagement, tombent sous le coup de la loi d'immigration. Cette loi, instituée contre le vagabondage, édicte certaines pénalités contre la rupture du contrat que doit passer le travailleur à son débarquement, et permet de contraindre tout immigrant sans emploi ni ressources, à s'engager pour acquérir le droit de séjour. Elle est la seule garantie du colon qui engage et, par suite, de l'armateur qui fournit le passage au travailleur.

Un arrêté dans ce sens fut donc sollicité, en 1886, du gouverneur, qui voulut consulter le ministère avant de le signer. Naturellement, le ministère lui prescrivit de refuser son consentement et le projet fut enterré. Il est tout naturel qu'un gouverneur, dont l'avancement dépend entièrement des bureaux, fasse passer les préférences de ceux-ci avant l'intérêt de la colonie; mais ne serait-il pas tout naturel aussi que la colonie lui supprimât les avantages en nature et en argent qu'elle lui alloue?

Il résulte de cet état de choses que les Allemands pour Samoa, les Américains pour Honolulu, les Anglais pour les Fidji, et les Australiens pour le Queensland, bénéficient seuls, depuis 1882, du recrutement des travailleurs aux Nouvelles-Hébrides. La pauvre Calédonie, qui en est la plus rapprochée, se voit seule frustrée, au profit des étrangers et des concurrents, de ces ressources de bras presque vitales pour elle. Si l'on y trouve encore quelques Canaques néo-hébridais, ce sont de vieux serviteurs qui ont pris en affection cette colonie peu éloignée de leur patrie, où l'on jouit d'un climat sain et chaud et où ils sont généralement bien traités.

Le recrutement des Canaques se fait aux Hébrides comme les opérations commerciales ordinaires. Nous avons vu quelles précautions l'on est obligé de prendre quand on aborde à une plage. La défiance des indigènes n'est malheureusement pas tout à fait injustifiée. Les rares actes de violences commis sur ces rivages ont laissé de durables souvenirs; aussi faut-il se garder d'entrer en négociations si l'on n'est pas bien armé et à portée des embarcations. Les imprudents n'ont que trop souvent payé de leur vie leur témérité.

Le bateau recruteur signale sa présence et ses intentions aux Canaques par une boule hissée au haut du grand mât ou par un coup de canon; puis il envoie ses baleinières à terre. On discute ordinairement les conditions sans quitter le canot. Quand on est d'accord avec le chef et les parents des engagés, on paie pour chaque homme qui consent à venir travailler chez les blancs, pendant une durée de trois ou cinq ans, une prime consistant en un mousquet ou snider, du tabac, du calicot, des pipes, des allumettes, des cartouches, de la poudre, des capsules, etc.

Mais les affaires se gâtent parfois, lorsqu'un homme ou une femme veut se rendre à bord contre le gré du chef ou de sa famille. Les cas de ce genre ne sont pas rares : tantôt ce sont deux jeunes gens qu'on ne veut pas marier et qui partent ensemble; tantôt c'est une femme maltraitée par son mari, un homme menacé d'une vengeance ou d'un châtiment, qui cherche un refuge.

Quels que soient ses motifs, l'indigène doit se cacher soigneusement pour rejoindre à la nage l'embarcation ou le bateau. Dès qu'ils s'en aperçoivent, les Canaques irrités font feu sur les fugitifs et sur les blancs qui les recueillent; ceux-ci naturellement ripostent, et la conséquence la plus certaine de l'opération est que le coprah-maker qui se trouve à proximité risque d'être assassiné la nuit suivante, ou que le premier bateau qui viendra toucher au même endroit, sans rien savoir de ce qui s'est passé, verra son équipage attaqué avec fureur.

On ne peut pourtant pas dire que les blancs ont tort dans ce cas-là ; leurs lois admettent la liberté individuelle et ne se concilieront avec les mœurs des Canaques que lorsque ceux-ci nous seront définitivement soumis. J'ai vu des femmes rejoindre, la nuit, à la nage, le bateau recruteur, suppliant le capitaine de les garder. Le capitaine se trouvait pris dans le dilemme suivant : s'il les faisait rejeter par-dessus bord ou reconduire à terre en canot, les malheureuses étaient sûres d'être massacrées pour leur tentative d'évasion : l'humanité défendait d'en agir ainsi. D'un autre côté, s'il les gardait à bord, il était certain que les Canaques se vengeraient sur lui à son prochain voyage ou sur le premier bateau qui passerait. Que faire ? En vérité l'alternative est pénible. On s'en tire quelquefois par un artifice bien digne des grands enfants à qui on a affaire : on repeint le navire à neuf, de rouge en vert ou de noir en blanc, de façon à le rendre méconnaissable aux indigènes.

Mais gare au bateau de même couleur qui se risquera peu après dans les mêmes parages !

Voici un autre cas dont j'ai eu connaissance : le capitaine d'un schooner ne voulant pas avoir des désagréments avec une tribu, fit remettre à l'eau, une nuit, deux femmes venues clandestinement à son bord pour émigrer; elles se noyèrent en revenant à terre et furent trouvées, le lendemain, le corps lacéré par les récifs. Les Canaques, convaincus que ces femmes avaient été attirées à bord, tuées et rejetées à la mer, résolurent de les venger. Le capitaine averti n'eut plus qu'à mettre à la voile, et nulle part sa vie n'est en sûreté sur cette côte.

Ces malentendus, qui proviennent presque toujours de l'ignorance et de la brutalité des indigènes, ont été dénaturés à plaisir par les humanitaires et les missionnaires jaloux de représenter les recruteurs comme d'abominables pirates.

Pour moi, je n'ai jamais constaté que des opérations très régulières dans les recrutements auxquels j'ai assisté. S'il y a parfois des exceptions fâcheuses, elles ont toujours été réprouvées par les capitaines; et d'ailleurs, en cas de conflit, il est juste de faire la part de la colère que ressent un blanc, toujours obligé de se tenir sur ses gardes et le plus souvent attaqué sans motif. Il ne faut pas trop s'étonner si, lui aussi, est pris un jour du désir de venger quelqu'un des siens traîtreusement assassiné par les insulaires. On est bien forcé de se faire justice soi-même dans ce pays, et c'est un fait certain que les Canaques tirent toujours les premiers.

Le danger qui s'attache à ces opérations oblige les recruteurs à des frais qui finissent par élever beaucoup le prix du passage des émigrants; ce. chiffre varie, suivant les moments et les destinations, de 250 à 750 fr. pour des contrats de trois à cinq ans.

Les Canaques sont de mauvais travailleurs dans les mines. Ils sont médiocres quand on les emploie à la culture, meilleurs dans les magasins ou comme domestiques, à cause de leur obéissance et de leur honnêteté.

Mais ils font surtout de bons marins, et, bien encadrés et conduits, ils seraient d'excellents soldats.

Les Calédoniens ont rendu de grands services au Gouvernement pendant l'insurrection de 1878. Aujourd'hui ils lui sont encore utiles pour garder les forçats ou donner la chasse aux évadés, qui en ont grand'peur. Ces déshérités de la nature et de la société méritent qu'on rende à leurs qualités une justice qu'on leur accorde trop rarement[1].

---

1. Au moment où nous mettons sous presse, on nous assure que l'immigration vient d'être rétablie entre la Nouvelle-Calédonie et les Nouvelles-Hébrides. Nous attendons que les journaux de la colonie nous fassent connaître au juste en quoi consiste ce nouveau changement de régime.

CHAPITRE IX

Il existe des missions bibliques anglaises à Tanna, Erromango, Annatum, Sandwich, Api, Ambrym; elles viennent de s'étendre jusqu'à Mallicolo et Santo. Les Français, qui avaient fondé une mission catholique à Annatum en 1849, mais qui depuis avaient quitté l'archipel, en ont tout récemment établi plusieurs à Santo, à Mallicolo et à Sandwich (février 1887).

Voilà bien des missionnaires : malheureusement les résultats obtenus ne sont guère en rapport avec l'effort et il faut avouer que les secours accordés par les fervents des deux pays trouveraient facilement un meilleur emploi dans d'autres régions. Nous avons, en effet, montré que les Canaques ne peuvent supporter le contact du blanc et qu'ils disparaissent à mesure que la civilisation s'avance; cette simple remarque ne devrait-elle pas refroidir le zèle de ceux qui les évangélisent ? D'ailleurs, l'influence des missionnaires reste infiniment bornée, en raison de

la division des tribus, et il ne leur est pas facile de
se faire entendre de sauvages étrangers à toute religion antérieure, même au culte des morts. Sur quel
levier s'appuyer pour secouer leur brutale indiffé-
rence ? Tout ce qu'on peut tenter de faire est de res-
treindre les actes de cannibalisme et les attentats
inutiles, ou encore d'amener les indigènes à porter
un pagne et à se suspendre au cou un bout de croix,
dont ils ne comprendront jamais la signification.
Voilà évidemment à quoi se réduisent les conversions quand elles réussissent.

Encore l'effet de la prédication reste-t-il limité au
village où réside le missionnaire, c'est-à-dire à un
groupe de vingt à cent individus. Ceux-ci sont généralement en guerre avec leurs voisins, en tout cas
avec ceux qui suivent, et le missionnaire se trouve
par là séparé du reste de l'île ; il suffit même qu'il
habite dans une tribu pour ne pouvoir mettre les
pieds sur le territoire limitrophe : aussi son action
peut-elle être considérée comme à peu près négligeable. Et c'est pour un tel résultat qu'on construit à
l'homme de Dieu une maison confortable entourée
de jardins et approvisionnée régulièrement et à grands
frais de vivres et de marchandises ! Il est vrai que c'est
uniquement à ces fournitures et aux largesses qu'elles
lui permettent de faire que sont dues les quelques
conversions dont se réjouissent les bonnes âmes.

En somme, beaucoup d'argent gaspillé pour peu de profit, c'est là toute la morale de l'affaire.

J'ajouterai que les coprah-makers installés dans le voisinage des missionnaires se plaignent de la concurrence que ceux-ci leur font : les sociétés pieuses leur expédient des articles de premier choix payés par les fidèles d'Europe, qu'ils peuvent céder à très bas prix aux indigènes ; le commerce normal devient impossible.

Cette dernière observation s'applique exclusivement aux missionnaires anglicans, qui ont été les seuls jusqu'à ce jour à opérer dans l'archipel. C'est un fait incontesté de tous ceux qui les ont vus à l'œuvre, soit à Madagascar (Shaw), soit aux Loyalty (Jones), soit aux Samoa, à Raiatea ou aux Nouvelles-Hébrides, que leur mission a un caractère beaucoup plus commercial et politique que religieux.

Un exemple entre cent est celui du Révérend Jones qui vient d'être officiellement expulsé des Loyalty, après des avertissements répétés de tous les gouverneurs depuis vingt ans. Ce « bon pasteur » n'a pas cessé un jour d'exciter sournoisement les indigènes contre les Français, qui lui accordaient l'hospitalité de leur colonie. Naturellement il a cherché à donner le change à l'opinion en prétendant que son expulsion était due à sa nationalité : il est facile de lui répondre qu'on n'a pas frappé son collègue qui réside encore aux Loyalty. M. Jones, malgré ses dénégations faussement indignées, ne convaincra jamais de son innocence ceux qui l'ont vu à l'œuvre sur les lieux mêmes de ses exploits.

Aux Hébrides nous avons eu à souffrir personnellement des menées de ces émules des Pritchard et des Shaw. Si nous n'en sommes pas venus aux mains en septembre 1887 avec les indigènes de Tanna, cela n'a pas été la faute des missionnaires. Je veux croire que leurs intentions étaient pures, mais alors elles restent pour moi, comme pour tous les témoins de l'aventure, absolument incompréhensibles ; tous en pourraient déposer à l'occasion.

Voici le compte rendu de cette affaire d'après les journaux néo-calédoniens :

« Nous avons parlé dans notre dernier numéro des difficultés survenues à Tanna et soulevées par les indigènes de cette île ; nous pouvons aujourd'hui donner quelques détails complémentaires, grâce à des renseignements précis qui nous ont été fournis par la Compagnie des Nouvelles-Hébrides.

« Dès le 27 février 1883, le volcan de Tanna avait été acheté aux chefs de cette île par la Compagnie des Nouvelles-Hébrides qui, désireuse de faire visiter les solfatares et de se rendre compte des moyens qu'il faudrait mettre en pratique pour les exploiter utilement, avait confié cette mission à M. Imhaus, ancien administrateur de la Société.

« Le 31 août dernier, le *Calédonien* mouillait à Port-Résolution et débarquait les personnes désireuses de visiter les solfatares. Mais les indigènes, sur l'instigation des missionnaires de l'*Église presbytérienne de l'Australie du Sud,* refusèrent le passage aux explorateurs et à l'escorte de dix Canaques de Mêlé qui les accompagnaient. Un mois auparavant ils avaient accueilli à coups de fusil les baleinières de M. Peterson, envoyé par la Compagnie à Tanna pour le même objet. Personne n'avait pu débarquer.

« MM. Imhaus et Gaspard ayant parlementé, les chefs reconnurent qu'ils avaient bien vendu le volcan, mais non pas le soufre qui s'y trouvait, et exhibèrent une lettre écrite en anglais et signée des missionnaires presbytériens où l'on faisait dire aux indigènes qu'ils refusaient aux étrangers l'accès du volcan, mais qu'ils leur vendraient les minerais de soufre rendus au bord de la mer. Voici d'ailleurs la traduction de cette lettre :

« A la personne connue sous le nom de Peterson « et à tous les étrangers que cela peut concerner :

« Nous Nabot, Knawi et Naukauvel, chefs de « Getofi, Gangaris et Niavio, chefs de Thug Kam-« gieu pour la tribu de Embikef ;

« Nesnain, Kauvalak, Yatik-Akatu et Nehlu, chefs

« de la tribu de Nasep et autres, tous habitants de
« l'île de Tanna, donnons aux missionnaires éta-
« blis à Wacici et à nos missionnaires[1] tous pou-
« voirs pour écrire en notre nom une lettre, faisant
« connaître que nous refusons à tout étranger l'au-
« torisation de passer pour prendre à Yahaoé, lieu
« où se trouve le volcan à Sulphur-Bay (Tanna),
« nos minerais de soufre. Mais nous voulons l'ex-
« traire nous-mêmes et le porter sur le rivage, où il
« sera vendu aux étrangers. Nous fixons ainsi le
« prix : un fusil pour le minerai contenu dans dix
« paniers en feuilles de cocotier.

« Les présentes dispositions et résolutions m'ont
« été communiquées par les indigènes désignés ci-
« dessus et d'autres encore.

« *Signé* : WATTS,

« *Missionnaire de l'Église presbytérienne*
« *de l'Australie du Sud.* »

« Cet exposé a été fait en ma présence le 1er août
« 1887 et m'a été expliqué en son temps par Gray
« (le Rév.).

« *Signé* : ARTHUR (Illisible). »

---

1. Notez bien que tous les Canaques auxquels nous avions affaire
étaient païens !

« Une corbeille en branches de cocotier contiendrait de 6 à 7 kilogr. de minerai, ce qui, au prix d'un fusil Snider pour dix corbeilles, porterait la tonne à sept ou huit mille francs.

« Grâce à l'énergie des représentants de la Compagnie que de pareilles manœuvres n'intimidèrent pas, on arriva à s'entendre et on acheta moyennant le prix de 1,785 fr. le droit d'établir des chemins depuis les solfatares jusqu'à la mer.

« La Société se rendit également acquéreur d'un terrain de quelques ares dans la Baie, malgré la défense formelle faite par les missionnaires de céder cet emplacement aux Européens.

« Il a été souvent question du rôle que jouent dans le groupe des Nouvelles-Hébrides les missionnaires anglais; nous en dirons quelques mots concernant les faits que nous venons de rapporter. Les agissements de ces individus sont les mêmes dans tout l'archipel. A Tanna, ils viennent d'éveiller par des évaluations exagérées la cupidité des indigènes qui croient que le soufre, à poids égal, vaut l'or. De cette façon ils rendent aujourd'hui fort difficiles des explorations que d'autres avaient faites auparavant sans rencontrer les mêmes difficultés. Leur but est de rendre impossible toute exploitation du soufre en donnant aux indigènes des idées aussi fausses de sa valeur. Ils viennent donc ainsi combattre le progrès et la civilisation à la tête desquels ils devraient se placer, en empêchant toute tentative de colonisation dans cette île.

« Grâce à ces procédés ils auraient pu être la cause d'un conflit, car les indigènes de Tanna sont connus pour être d'une nature très méfiante, très sauvage et belliqueuse. Aucun blanc ne peut séjourner dans l'île. Tous les coprah-makers qui ont essayé de s'y installer, sont obligés de partir au bout d'un certain temps. Or, en éveillant leurs mauvais instincts et leur cupidité, et en leur faisant croire que les étrangers qui venaient visiter le volcan avaient l'intention d'enlever des parcelles de ce soufre si précieux, ils devaient se douter qu'ils pouvaient amener un conflit; ils ont assez d'expérience des indigènes de cette île pour le savoir. C'est néanmoins la tactique qu'ils ont cru devoir suivre et les agents de la Compagnie ont acquis la certitude, par les récits de leurs guides, que s'ils n'avaient pas été en nombre et bien armés, ils auraient eu maille à partir avec les indigènes.

« Les natifs de Tanna en étaient effet dans l'intention d'attaquer les blancs, car, sortant tout à coup de la brousse, tous armés, au nombre de plus de cent cinquante, ils entourèrent les étrangers, sur le terrain même du volcan, à plus de trois heures de marche du bord de la mer. Il est regrettable que les missionnaires qui se disent hommes de paix et de miséricorde et qui sont gens fort avisés, n'aient pas prévu cette éventualité.

« Nous pouvons ajouter qu'on se fait une étrange idée en se figurant que les missionnaires presbytériens, établis dans les îles depuis un certain temps déjà, ont fait beaucoup de prosélytes. En ce qui concerne Tanna, par exemple, ils n'ont réussi qu'à convertir quelques natifs voisins des missions et qu'ils ont dû s'attacher par des présents. Leur grande force près des Canaques provient de ce qu'ils ont su leur donner la conviction qu'ils seraient leurs protecteurs dans toutes les questions d'intérêt qu'ils auraient à débattre avec les blancs.

« Quant à les avoir évangélisés et leur avoir inculqué des principes de fraternité et de civilisation, ils ne paraissent pas s'en être préoccupés. Les indigènes sont restés païens, sans foi ni loi, et l'on ne compte pas plus de vingt pratiquants dans chacune des deux missions dont nous avons parlé.

« Le vrai rôle de ces missionnaires est celui d'agents politiques gardant le pays pour l'Angleterre et hostiles par suite à tous les étrangers.

Nous comprenons que l'amour de la patrie puisse inspirer de semblables sentiments, mais nous ne pouvons admettre que dans ces circonstances ils se cachent sous le masque de la religion. » (*Indépendant* du 8 septembre 1887.)

Nous avons été en effet entourés, à quatre heures de marche de la mer, par cent cinquante ou deux cents Canaques, armés et peints en guerre, qui nous attendaient depuis le matin, embusqués par cinq ou six groupes. Ils avaient surgi tout d'un coup de la forêt en poussant des cris de guerre; quelques-uns achevaient encore de charger leurs fusils derrière les arbres.

Si nous n'avions pas été une vingtaine au lieu d'être cinq ou six comme à l'ordinaire, si nous n'avions pris la précaution de nous armer sérieusement, sur l'avis d'amis en situation d'être bien informés, — et que nous ne voulons pas nommer parce qu'ils sont eux-mêmes de nationalité anglaise, — nous étions tout simplement perdus.

Le motif de ce guet-apens nous l'avons appris de la bouche même des Canaques quand, après une heure de manœuvres, nous avons pu parlementer, grâce au fils d'un chef influent que nous avions heureusement pris avec nous comme interprète. Des émissaires indigènes, qu'ils nous ont montrés et qui appartenaient à la tribu où réside le missionnaire anglican, étaient venus quelques jours auparavant annoncer notre prochaine exploration à leurs compatriotes, en leur affirmant que notre but était de nous emparer de leur territoire.

Ces mêmes envoyés leur avaient apporté le papier,

reproduit par l'*Indépendant* et signé d'avance par le missionnaire : d'après ce document supposé, les Canaques se seraient refusés à laisser aucun étranger s'installer sur leurs terres, — alors que le sol du volcan avait été régulièrement vendu quelques années auparavant et que la Compagnie était en possession des titres. L'évaluation ridiculement exagérée du soufre avait pour but de justifier le manque de parole aux yeux des indigènes en leur persuadant qu'ils avaient cédé, sans s'en douter, une propriété de valeur énorme : on avait ainsi provoqué une agitation dont le résultat naturel était l'embuscade où nous avions failli périr.

Notre interprète qui, quoique fils d'un chef hébridais, se trouvait depuis plusieurs années au service du capitaine Peterson présent parmi nous, ne nous cacha pas, quand tout fut terminé, que les Canaques nous attendaient là non seulement pour nous barrer le passage, comme ils l'avouaient, mais dans l'intention secrète de profiter de la discussion pour nous attaquer. Ils le lui avaient catégoriquement déclaré dans les pourparlers qui avaient précédé l'entente, et, s'ils ne l'avaient pas fait d'abord, c'est qu'ils avaient été intimidés par notre nombre, par la position de défense que nous avions aussitôt prise, en terrain découvert, et surtout par les menaces que nous leur avions fait traduire ; nous les avertissions en effet que s'il survenait un conflit, des soldats français « aussi nombreux que les feuilles des arbres » viendraient immédiatement occuper leur pays.

On me dira que le missionnaire en prenant si chaudement en mains les intérêts des Canaques ne croyait certainement pas provoquer un pareil guet-apens : mais je persiste à m'étonner qu'un homme intelligent et instruit, sachant ce qu'on peut attendre de pareilles brutes, n'ait pas prévu ce qui arriverait si l'on excitait aussi imprudemment leur cupidité et leur amour du sol natal, en les lançant contre des étrangers qu'on leur disait venus pour les dépouiller.

Tous les voyageurs savent, depuis Bougainville et Cook, que les indigènes de Tanna sont les plus belliqueux de l'archipel et qu'ils n'ont été nullement évangélisés.

La vérité est que le missionnaire en question, impuissant pour le bien, n'avait pu faire de sa tribu que l'instrument de ses rancunes nationales. Quant à lui, il était parti avant notre arrivée pour un autre point de la côte, alors que son devoir eût été au moins de nous prévenir d'un danger qu'il ne pouvait pas ignorer.

Depuis ce jour je me suis surpris souvent à penser que bien des missionnaires se servent du nom de Dieu comme on s'en servait, au temps de l'Inquisition et des guerres religieuses, dans l'intérêt de passions toutes terrestres. J'admets que le patriotisme leur

inspire une conduite propre à sauvegarder l'influence de leurs nationaux dans une contrée dont
ils voudraient leur assurer la possession, mais alors
qu'ils s'intitulent franchement « agents politiques à
l'étranger » et non « représentants de Dieu sur
terre » : ils ne tromperont ainsi personne ni dans ce
monde, ni dans l'autre.

Voici du reste à ce sujet ce qu'un journaliste *anglais*, connaissant à fond les Nouvelles-Hébrides,
écrivait sous le pseudonyme du « Vagabond » dans
un journal de Melbourne (19 août 1887).

« Les missionnaires protestants n'ont rien fait
pour les indigènes, rien fait pour la colonisation
blanche aux Hébrides pendant le temps qu'ils y ont
été seuls maîtres. Aujourd'hui que la civilisation en
force l'entrée, ils voudraient ou l'arrêter, ou en déri-
ver les avantages à leur profit. » Extrait du *Néo-Ca-
lédonien* du 8 septembre 1887.)

En somme, la seule utilité qu'offre la présence des
missionnaires dans les îles est de constituer sur les
points où ils sont établis un état de sécurité relative
pour le marin et le trafiquant. Mais on arriverait au
même résultat par l'institution d'agents commerciaux
qui rendraient plus de services et n'exploiteraient pas
du moins les sentiments les plus respectables.

CHAPITRE X

———

I. — Les mines.

Les Nouvelles-Hébrides contiennent peu de minerais. On affirme bien qu'il se trouve de l'or à Santo, du cuivre à Api, et çà et là du nickel ; mais les *prospects* exécutés par les blancs eux-mêmes, comme les recherches opérées par les Canaques sous leur conduite, n'ont pas encore donné de résultats bien concluants. L'or découvert paraît se réduire, jusqu'ici, à des traces ou *couleurs,* comme il en existe dans beaucoup de pays, sans que cela dénote la présence à l'état exploitable du précieux métal.

Quant au cuivre, on n'a guère trouvé que des pyrites et des malachites dont l'industrie ne s'est pas encore emparée. Néanmoins, les dernières recherches semblent donner plus d'importance aux gisements cuprifères.

Enfin, la présence du nickel aux Hébrides mêmes

mérite confirmation : les mauvaises langues prétendent que les échantillons qu'on en produit viennent
de la Nouvelle-Calédonie.

Les seuls gisements absolument certains sont des
dépôts de plombagine et des solfatares ; ces derniers
sont fort considérables et offriront un vaste champ
à l'activité commerciale du pays, surtout lorsqu'on
aura mis à découvert ceux qui sont assez refroidis
pour être mis en exploitation immédiate.

Au surplus, voici le rapport qu'a rédigé sur cette
question un ingénieur des plus compétents qui s'est
rendu, cette année même, aux Nouvelles-Hébrides
pour en étudier les ressources minières.

NOTE

SUR LA GÉOLOGIE DES NOUVELLES-HÉBRIDES

Par M. D. Levat.

L'archipel des Nouvelles-Hébrides peut se diviser, au point
de vue géologique, en trois groupes distincts, à savoir :

I

Les îles madréporiques.

Composées, comme les Loyalty, exclusivement de plateaux
de corail plus ou moins élevés, mais facilement reconnaissables
à leur profil tabulaire.

Ces coraux ont émergé par suite de mouvements récents du sol. On peut suivre, sur certains points, le mouvement ascensionnel qui s'est opéré par degrés, ce qui a permis à la mer de laisser sa trace à chaque émergence. A Port-Villa, on voit très nettement trois échelons de ce genre.

C'est d'ailleurs un phénomène bien connu par tous les Calédoniens qui ont passé devant les « Tours Notre-Dame » de Hienghène. Ces roches calcaires montrent deux assises très nettes d'anciennes érosions marines, à plusieurs mètres au-dessus du niveau actuel de la mer.

A Sandwich, les coraux soulevés ont laissé passage dans le centre à des éruptions de lave dont on trouve les débris dans le sable du rivage.

Au point de vue minier, les îles madréporiques n'offrent aucun intérêt.

II

Les îles volcaniques.

Telles que Tanna, Ambrym, Vanua-Lava, composées en tout ou en partie des déjections du volcan.

Ambrym, notamment, est un cône de scories recouvert, comme d'ailleurs toutes les îles de l'archipel, d'une végétation luxuriante qui repose agréablement la vue du mineur calédonien habitué à la « terre rouge » et à la maigre brousse qui la recouvre.

Le volcan de Tanna a déjà été visité et décrit plusieurs fois. Celui de Vanua-Lava, ou mieux les solfatares de cette île sont fort intéressantes et méritent qu'on s'y arrête.

Vanua-Lava fait partie de l'archipel de Banks, au nord des Nouvelles-Hébrides proprement dites, à 60 milles environ au delà de Spiritu-Santo. C'est une île de médiocre étendue, formée à sa base par des gneiss à grains fins recouverts par des trachytes et par des laves.

Ces trachytes contiennent du soufre dans leurs vacuoles ; et, en passant à travers ces trachytes, les eaux et les gaz chauds se chargent du soufre qui vient se condenser et se déposer à l'air libre. De là cette forme de cheminées coniques tout à fait typique qu'affectent les dépôts de soufre de Vanua-Lava.

Les gisements ne sont guère, à vol d'oiseau, à plus de six à sept kilomètres de la mer. On y accède par un chemin canaque des plus primitifs, mais extrêmement pittoresque. La chaleur naturelle et l'humidité de l'air sont accrues par les vapeurs de la rivière qui descend toute bouillante des solfatares. Cette eau, bien que chargée de soufre et de sels au point de la rendre non potable, circule dans une série de méandres de verdure, un fouillis de fougères impossible à décrire.

Après deux heures de marche environ, en partant de la baie nord de l'île, et non de la baie du village où l'on mouille d'habitude, on arrive aux solfatares, à une altitude de 420 mètres. Une vapeur épaisse sort de tous côtés, le sol fissuré et décomposé tremble sous les pieds et nos guides canaques nous laissent nous aventurer seuls sur un terrain trop chaud pour leurs semelles naturelles. De toutes parts des cônes de soufre d'un beau jaune émergent des décombres. Ces cônes, de dimensions très variables, sont chacun le centre d'une buée brûlante chargée d'eau et de soufre. Ce dernier se dépose incessamment en belles aiguilles jaunes qui exhaussent peu à peu le sommet du cône, laissant à l'intérieur des cavités tapissées d'aiguilles magnifiques, malheureusement si fragiles qu'elles tombent en poussière au moindre contact.

On arrive ensuite dans une région où les cônes de soufre alternent avec des vasques d'eau bouillante qui servent de sources à la rivière d'eau chaude. Ces vasques d'une eau noirâtre chargée de soufre et de sulfures sont continuellement en ébullition. Le plus grand de ces sortes de bassins naturels qui a au moins quinze mètres de diamètre, lance une colonne de vapeur d'eau qui se distingue même du large.

J'ai prélevé une série d'échantillons des eaux de ces vasques qu'il sera intéressant de faire analyser. Au point de vue thérapeutique elles me paraissent trop acides pour être employées utilement. Nos armes, nos instruments, nos montres, même en nickel, ont été fortement oxydés par les vapeurs pendant les quelques heures que nous avons passées sur les lieux.

Ces phénomènes alternatifs de vasques et de cônes de soufre se produisent sur une longueur de 2 kilomètres environ et sur une largeur moyenne de 300 mètres. Direction générale Nord-Sud.

Le temps ne nous a pas permis d'aller jusqu'à la limite extrême, mais nous avons pu nous rendre compte qu'il y avait là un gisement à la fois très curieux comme mode de formation et important comme dépôt de soufre, bien qu'on ne doive pas compter sur la prolongation des cônes de soufre en profondeur. Leur mode de formation indique au contraire qu'ils sont essentiellement superficiels. Il est vrai, par contre, qu'il se reforme incessamment de nouveaux dépôts et que le soufre est pour ainsi dire chimiquement pur.

Les indigènes de Vanua-Lava, convertis par les missionnaires anglais, sont tranquilles et ne font aucune difficulté pour montrer leur « fumée ». Plusieurs d'entre eux nous ont accompagnés et ne paraissaient manifester d'autre crainte, au milieu des vasques et des petits cratères, que celle bien naturelle de se brûler les pieds.

III

Iles Mallicolo et Spiritu-Santo.

Ces iles appartiennent à une formation qui diffère des deux groupes précédents. Nous avons fait le tour de chacune d'elles : à première vue on reconnaît que la côte ouest, escarpée et montagneuse, est formée par des terrains qui ne ressemblent en rien au corail. La végétation est d'ailleurs si épaisse qu'il est impossible de voir les roches nues autre part que dans les torrents. Sur la côte Est, au contraire, on retrouve une série

de promontoires horizontaux, caractéristiques du corail sou-
levé. Même différence dans la configuration des deux côtes.
La côte ouest, toute rectiligne, sans port abrité, indique une
ligne de soulèvement, tandis que la côte Est, plus découpée,
offre des abris nombreux : Port-Olry, le canal du Segond, et
surtout Port-Sandwich, le plus beau port des Nouvelles-Hébrides, véritable lac intérieur, d'un accès facile et sûr.

J'ai reconnu à la base de la formation des deux iles l'existence d'un gneiss à grain fin, d'une couleur gris tendre. Cette
roche, à mon avis, forme l'ossature inférieure du terrain. In-
tercalés dans ces gneiss, j'ai trouvé des calcaires métamorphi-
ques très durs, rappelant la pierre lithographique, dont j'ai
rapporté des échantillons diversement colorés.

Ensuite viennent de nombreuses variétés de syénite, roche
éruptive, qui existe aussi en Nouvelle-Calédonie. Celle de
Santo est, en général, à grain fin, gris clair ou vert clair. C'est
parmi ces roches que j'ai reconnu l'existence de pyrites de fer
et de cuivre aux endroits suivants :

A Mallicolo : dans la baie Bargillat, à dix milles environ au
nord de la baie des Bambous.

A Santo, au cap Lisburn et au mouillage de Pussey.

J'ai rapporté notamment deux échantillons de pyrite dans
de la syénite, qui indiquent que la région vaut la peine d'être
prospectée sérieusement.

Au-dessus des syénites vient une formation de porphyres
très puissante. On trouve des cailloux de porphyre dans tous
les torrents de la côte ouest. Il y en a de veinés de rouge et
de vert qui valent la peine d'être polis comme pierre d'orne-
ment. A Santo, principalement, ces porphyres sont coupés par
des filons de quartz nombreux et puissants. Au mouillage de
Palier, le quartz est si abondant que le rivage de la mer est
couvert de cailloux de quartz blanc. Le lavage du sable à la
dish ne m'a cependant donné aucune trace d'or, mais je n'ai
pu opérer qu'aux embouchures de rivières, ce qui est une condition défavorable pour des recherches de ce genre.

Des prospecteurs anglais sont venus au commencement de

l'année chercher l'or dans cette partie de Santo. Les renseignements fournis sur le résultat de leurs prospects sont très contradictoires. On m'a cependant affirmé qu'ils avaient emporté de très beaux échantillons de quartz aurifère.

C'est dans cet endroit qu'une recherche de terrains aurifères aurait, à mon avis, le plus de chance de succès.

C'est aussi dans cette même roche encaissante que se trouve le minerai de cuivre venant d'Api. Je n'ai pas eu le temps de visiter cette île, mais le gisement est connu, à six milles au nord de la baie Quaie, au lieu dit Mamelon-Vert. Il y a un bel échantillon de malachite provenant de cette localité, au siège de la Société des Nouvelles-Hébrides à Nouméa.

On trouve enfin, au cap Lisburn, une grande variété de roches variolitiques et vacuolaires, faciles à reconnaitre à leur aspect. Ce sont des roches formées d'une pâte noire ou vert foncé, fort dure, toute criblée de petites vacuoles blanches ou de taches circulaires d'un ton plus clair. J'ai trouvé des échantillons dans lesquels ces vacuoles sont remplies de pyrites, qu'il convient de faire analyser pour voir si elles sont aurifères.

Enfin, je passe sous silence une quantité de roches d'exception, amphibolite, quartz concrétionné, etc., qui n'ont d'intérêt qu'au point de vue du collectionneur. Je me propose d'ailleurs de réunir dans l'ordre que je viens d'énumérer la série des roches que j'ai rapportées des Nouvelles-Hébrides et d'en faire hommage, sous peu de jours, à la Chambre de commerce de Nouméa qui la mettra sans doute à la disposition des personnes que cette étude peut intéresser. . . . .

D. LEVAT.

(Extrait du *Colon* de Nouméa, 12 juillet 1889.)

II. — Le commerce.

Nous avons dit que le trafic des îles se réduit
à la biche-de-mer et au coprah. La vente du premier de ces produits devient de plus en plus insignifiante ; mais le second donne lieu à une exportation d'environ 1,500 tonnes qui représentent sur
place une valeur de 300,000 francs et à Sydney de
400,000. De ce côté l'augmentation est constante et
il serait certainement facile de quintupler cette production malgré la nonchalance des indigènes.

En ajoutant à cette double industrie la vente du
café, du maïs, du bois et de divers petits produits,
on ne dépasse pas actuellement le chiffre de 600,000
francs pour l'ensemble des échanges. Tout est donc
à créer du côté du commerce.

Reste la question des cultures. Nous répétons
encore une fois que le sol des Nouvelles-Hébrides
est parmi les plus fertiles qui se puissent trouver.
Toutes les exploitations tropicales y sont possibles.
Jusqu'à présent on s'est borné au maïs, au café et au
manioc. Le sucre est d'un prix trop bas en Europe
pour qu'on s'y attache ici, surtout en présence de la
cherté de la main-d'œuvre, qui ne fera qu'augmenter

à mesure que la colonisation s'étendra et que les Canaques seront appelés à des emplois, comme cela se passe déjà en Calédonie. Aujourd'hui même, s'il est vrai qu'on ne paie que quinze francs par mois un travailleur, il faut ajouter à ce prix le remboursement au recruteur des 300 francs qu'il exige par tête pour un contrat de trois à cinq ans; car l'indigène refuse toujours de travailler dans sa propre île et il faut le transporter dans une autre pour en obtenir un engagement.

La culture de la banane serait seule rémunératrice en ce moment sur le marché de l'Australie; mais comme le débouché en est limité à Sydney et à Melbourne, déjà approvisionnés par les Fidji et le Queensland, il est à craindre que les prix ne s'avilissent d'ici à peu de temps par suite du développement naturel de la colonisation. Néanmoins on pourrait encore se lancer dans cette exploitation qui ne demande aucune sortie de capital, — surtout dans l'île Sandwich, reliée depuis un an à l'Australie par un service direct de steamers; mais il ne faudrait pas tabler sur une longue continuation de profits.

Le maïs, le manioc, le sagou et l'arrowroot qui prospèrent dans les îles, sont des cultures trop pauvres pour payer l'exportation. Il faut songer, en effet, que si le prix de la main-d'œuvre noire est à peu près le même qu'en Calédonie, celui de la main-d'œuvre

blanche dont on ne peut entièrement se passer,
y est beaucoup plus élevé en raison de l'insalubrité
du pays : un blanc réclame pour résider dans ces îles
des salaires presque doubles de ceux qu'il reçoit ailleurs.

Le café est d'excellente qualité et vient très bien.
Les bois renferment aussi des essences de choix.
Mais pour les raisons que je viens d'indiquer ces
deux exploitations ne donnent pas encore de gros
bénéfices. Il est vrai qu'elles sont à l'état rudimentaire et que chaque jour le profit augmente.

Une compagnie australienne avait essayé d'accli-
mater le coton, il y a une quinzaine d'années. Elle y
a renoncé, à cause des frais de premier établissement.

En somme, jusqu'ici, on n'a jamais gagné d'argent aux Nouvelles-Hébrides que par le recrutement
des travailleurs, le commerce du coprah et celui
de la biche-de-mer. Il faut donc, si l'on veut tirer
partie de ce sol réellement admirable, se tourner au
plus tôt vers ces cultures riches qui ne réussissent
que dans des terrains d'exception. Nous avions pensé
au cacaoyer, au poivrier, au cannellier et au musca-
dier ; mais après avoir constaté *de visu* les résultats
qu'elles ont donnés dans d'autres pays mieux pourvus de travailleurs, tels que Java, Malacca et Sumatra, nous pensons que c'est dans l'avenir seulement

qu'on pourra obtenir aux Hébrides un prix de re-vient qui permette de lutter avec avantage.

Il s'agit de trouver un produit dont la valeur s'ac-croisse sensiblement avec la qualité du terroir, et qui soit toujours rémunérateur quand il est excel-lent : tels sont le vin en Europe et le tabac aux colonies. Tandis que le cours du café, du cacao, de la cannelle, etc., ne comportent que de légers écarts, le kilogramme de tabac varie de un à dix francs.

A la Havane et à Manille, c'est le parfum, à Sumatra c'est la combustibilité, la finesse et la cou-leur qui lui assurent une cote exceptionnelle. S'il pouvait en être de même aux Hébrides, le problème serait résolu.

L'expérience est restée jusqu'à présent incomplète. Le tabac vient parfaitement, mais on ne sait pas en-core le cultiver, ni le préparer. Aucun homme com-pétent ne s'en est occupé. Aussi le produit obtenu, quoique excellent sous le rapport de la combustibi-lité, demeure-t-il rugueux, épais et cassant. Quant au parfum, on n'a pu en avoir une idée, les feuilles n'ayant été soumises à aucun travail de fermentation. C'est un essai qu'il faut tenter le plus tôt possible et dans les meilleures conditions : si les résultats en sont bons, c'est la fortune assurée pour tous ceux qui s'établiront ici avec des capitaux suffisants. On devra seulement recourir, dans ce cas, à la main-

d'œuvre chinoise, en même temps qu'à celle des indigènes.

Le percement du canal de Panama rendra certainement plus facile l'écoulement de la production
des Nouvelles-Hébrides et ouvrira un nouvel avenir
au pays.

CHAPITRE XI

HISTOIRE

L'histoire des Nouvelles-Hébrides n'est ni longue, ni pleine de faits, en voici les principaux
traits.

Comme nous l'avons dit au début de ce travail,
elles ont été découvertes en 1806 par Quiros, navigateur espagnol, qui donna le nom Espiritu-Santo
à la plus grande de ces îles et en fit une description
enthousiaste; on y trouve encore, dans le nord, quelques vestiges de murs ou de bâtiments qui lui sont
attribués. Cette île est la seule où les indigènes se
servent, pour préparer leurs aliments, d'une sorte
de poterie de forme ancienne dont les Espagnols
sont supposés leur avoir enseigné la fabrication.

Bougainville visita l'archipel en 1768 et Cook en
1774.

La Pérouse, qui périt à Vanikoro (Santa-Cruz) en
1788, dut passer également aux Nouvelles-Hébrides,
Dumont d'Urville les parcourut ensuite. Enfin, le
capitaine Markham de la marine anglaise y fit une

croisière avec le *Rosario* en 1871-1872 et l'amiral Dupetit-Thouars en 1875.

Ce fut en 1878 que la question de l'annexion de cet archipel se posa pour la première fois. Avant cette époque il eût été facile aux blancs de s'en emparer, car la division des indigènes eût rendu leur résistance insignifiante. Mais ni l'Angleterre, ni la France ne s'étaient en réalité souciées de cette conquête, probablement à cause de son insalubrité. La seule utilité que pût présenter la possession de ces îles, était de permettre le recrutement des travailleurs pour les colonies des deux nations.

L'Angleterre ayant été sollicitée, en 1878, de les accaparer à son profit, la France dut intervenir; et comme elle avait trop tardé à agir, elle fut obligée de se lier les mains, comme elle les liait à sa rivale. On se décida donc à consacrer l'autonomie des Nouvelles-Hébrides.

C'est le sens de la dépêche suivante adressée par le marquis d'Harcourt au comte de Derby, le 18 janvier 1878 :

« Mon Gouvernement tient à déclarer que, pour ce qui le concerne, il n'a pas le projet de porter atteinte à l'indépendance des Nouvelles-Hébrides, et il serait heureux de savoir que de son côté le Gouvernement de sa Majesté est également disposé à la respecter. »

Le 20 février suivant, M. Malcolm, sous-secrétaire d'État au Foreign-Office, répondait que « le *Gouvernement britannique* était en conformité de vues avec l'ambassadeur de France et n'avait pas d'autres intentions au sujet des Hébrides ».

C'est sur cette sorte d'entente, traitée de convention, que l'Angleterre s'est appuyée pour obtenir, à la fin de 1887, le retrait de nos troupes établies à Port-Sandwich et à Port-Havannah depuis le 1er juin 1886.

Le gouvernement britannique cédait en cela aux sollicitations de la colonie australienne qui regarde comme un patrimoine futur toutes les terres de l'Océanie. Le sentiment public avait été excité à Melbourne par la presse, — derrière laquelle on eût facilement trouvé l'influence des sociétés bibliques. Le prétexte à cette agitation avait été la fameuse question des forçats, contre la transportation desquels les Australiens s'élèvent si fortement. Ils ne se souviennent pas assez que cette transportation a été le point de départ de leur propre établissement et qu'il existe encore des forçats en cours de peine dans l'ouest de l'Australie. Et surtout ils ne se rendent pas compte des motifs d'intérêt tout privé et personnel auxquels obéissent ceux qui les poussent et les excitent, non pas seulement contre les agissements français en Calédonie, mais surtout contre la France.

Voilà la véritable raison des sentiments gallopho-
bes qui sont très marqués en Australie et qu'on retrouve partout où existe un représentant de sociétés
bibliques anglaises; les Australiens veulent conserver les Hébrides indépendantes, pour le jour où ils
seront capables de s'en emparer eux-mêmes.

Le gouvernement français semble s'être trop dé-
sintéressé de cette annexion depuis l'essai de prise
de possession qu'il avait risqué et qui a provoqué des
rapports absolument contradictoires de la part de
ses agents de tout ordre.

Mais de récents événements, de la plus haute
gravité, sont survenus ces derniers mois et devront le
tirer de son inertie.

D'abord, le gouvernement anglais, au mépris
évident de la convention, a nommé un représentant
officiel aux Nouvelles-Hébrides. Les colons calédoniens ont bondi en présence de cette atteinte portée
à leurs droits et à leurs espérances.

« Que va-t-il advenir des Nouvelles-Hébrides?
écrit le *Colon;* telle est la question que se poseront
quelques-uns de nos lecteurs. C'est maintenant en
vain qu'on regretterait les lacunes laissées dans cette
convention intervenue entre l'Angleterre et la France
à la suite de notre pseudo-prise de possession de ce
groupe par l'installation de nos postes militaires et
de l'évacuation qui en a été la suite.

« La question se pose aujourd'hui de la façon suivante :

« Par quels moyens pourra-t-il être suppléé à ces lacunes?

« Sans aucun doute, nous avons usé vis-à-vis de l'Angleterre, dans les négociations de cette question des Nouvelles-Hébrides, d'une modération et d'une longanimité dont on chercherait vainement un précédent dans l'histoire. Mais cette générosité n'a pas bénéficié à nos adversaires. La tentative de l'Angleterre de nous duper en nommant M. Romilly résident et consul britannique dans le groupe néo-hébridais, d'une part, en nommant, d'autre part, M. Howard Walker vice-consul à Port-Sandwich, est tout à fait indigne d'une grande puissance comme l'Angleterre.

« Avec beaucoup d'équité et de sagesse, la France a repoussé toutes les ouvertures qui lui ont été faites, il y a quelques mois, par le gouvernement de Sa Majesté britannique et qui tendaient à l'installation d'un résident français aux Nouvelles-Hébrides. Ce que veut le gouvernement français, c'est maintenir intégralement le traité ou l'abroger d'une façon complète, selon que l'Angleterre voudra se ranger à l'une ou l'autre de ces alternatives; mais il n'admettra aucune transaction intermédiaire.

« Le traité, comme nous l'avons déjà montré, fut

l'œuvre précipitée de l'Angleterre et de la faiblesse
de la France en s'y associant. Il a été conçu dans un
esprit que la colonisation française a depuis longtemps abandonné et qu'elle a d'ailleurs amélioré.
La politique de l'Angleterre dans le Pacifique a toujours eu le caractère d'une entreprise à la fois religieuse et politique — une sorte de concert séraphi-
que où un diplomate, un évêque et un soldat jouent
chacun leur partie — et organisée de façon à causer,
à bref délai, des ennuis sérieux aux colonies françaises du Pacifique.

« La politique anglaise, dans les mers du Sud,
est l'œuvre d'agitateurs de profession et de fanati-
ques religieux. Qu'a-t-elle produit aux Nouvelles-
Hébrides?

« Interrogez à la fois les colons de cet archipel du
premier au dernier et les habitants de la Nouvelle-
Calédonie depuis le fonctionnement du traité, et
tous ces gens, sans exception, vous répondront :
L'Angleterre a toujours été l'infatigable ennemie
du commerce dans les îles et le défenseur toujours
sur la brèche de tous les missionnaires qui dirigent
la propagande contre les Français. Elle a, avec infiniment de ruse, confirmé toutes les promesses fausses et brisé les garanties des hommes qui avaient
placé leur confiance dans l'exécution des dispositions
du traité.

« Si l'Angleterre voit sa politique anti-française avoir gain de cause en plaçant M. Romilly aux Nouvelles-Hébrides, elle indique par cela même son dessein d'aller plus loin, et de s'assurer une action indépendante à tous les points de vue en ce qui concerne sa politique dans ces îles.

« M. Romilly se rend à Port-Havannah sur la *Calliope*, actuellement mouillée dans notre port. Nous protestons au nom des habitants de la Nouvelle-Calédonie contre son installation en qualité de résident anglais aux Nouvelles-Hébrides, et nous espérons que le commandant de la *Saône*, qui est sur le point de se rencontrer là-bas avec la *Calliope*, n'hésitera pas à protester contre l'ingérence de M. Romilly dans les affaires de la Commission mixte. Nous croyons savoir que la Commission mixte aura à résoudre plusieurs questions importantes quand les deux navires se rencontreront dans l'archipel. Notre avis est que le commandant de la *Saône* devrait refuser de siéger au sein de la Commission si M. Romilly est présent, ou s'opposer à toute délibération à laquelle ce dernier pourrait assister.

« On peut dire que la convention internationale ne saurait exister plus longtemps. Nous regardons l'Angleterre comme responsable de sa rupture. Les traités n'ont force et vigueur qu'autant que leurs dispositions sont respectées; ils sont au contraire

violés lorsqu'ils donnent naissance à des empiéte-
ments en opposition avec leur but et leur raison d'être.

« Notre mission dans les îles est d'une nature pacifique et ne doit pas affecter un caractère belliqueux; mais nous avons le devoir de protéger le
commerce de nos nationaux contre le vol et le
meurtre. Nous demandons au gouverneur de la
Nouvelle-Calédonie quelle attitude il entend prendre en présence du départ de M. Romilly sur la *Calliope*; si, d'une part, il peut s'abstenir de toute intervention inconsidérée, il doit cependant se tenir
sur le qui-vive.

« Nous ne pouvons laisser les événements suivre
leur cours sans agir, nous devons être prêts à toute
éventualité. Si la carte du Pacifique doit être modi-
fiée, nous devrions commencer tout d'abord à prendre les mesures que nous commande la prudence afin
d'équilibrer le partage et de balancer le compte. La
France doit se réserver pour elle-même la plus
grande liberté d'action et obliger ainsi l'orgueilleux
parvenu, notre voisin dans ces mers, à s'abstenir de
toute intervention dans nos affaires. »

(*Le Colon,* 18 juillet 1889.)

Ces sentiments sont naturels de la part des Français; mais, chose curieuse, ils ont trouvé de l'écho

dans le cœur de certains Anglais domiciliés aux Hébrides.

Nous nous figurons volontiers que tout est par-
fait dans le régime colonial de l'Angleterre, et que
nos voisins d'outre-Manche ne rencontrent jamais,
dans leurs entreprises lointaines, les difficultés qui
nous arrêtent si vite dans nos essais d'expansion.
Rien n'est mieux fait pour nous rendre un peu
d'orgueil national et de patriotique satisfaction, que
ce qui se passe en ce moment en Océanie.

Les colons, sans distinction de race, — les Anglais
sont même les plus ardents à se plaindre, — jurent
leurs grands dieux que « la politique coloniale du
cabinet actuel tend à faire disparaître le pavillon
britannique, non seulement de l'archipel des Nouvelles-Hébrides, mais encore de tout le Pacifique
occidental. » Aux Fidji, avant l'avènement de ce
Gouvernement, on comptait quarante colons où l'on
en trouve à peine un aujourd'hui. Devant ces signes
d'incapacité « le colon néo-hébridais éprouve une
anxieuse circonspection à la pensée de confier les
destinées de son pays adoptif aux gouvernants, auteurs d'une si étrange réglementation. Si l'on ex-
cepte les missionnaires, les colons salueront avec
plaisir toute domination autre que celle de l'Angleterre. »

Dans un opuscule retentissant, dont nous empruntons encore la traduction au *Colon* (*Les Nouvelles-Hébrides*, par Havannah Harbour), M. Rendle, sujet anglais, n'hésite pas à juger ainsi, — et tout impartialement, — la politique suivie ici par son pays.

« L'histoire des Nouvelles-Hébrides n'est qu'un long et lamentable récit de massacres et d'outrages commis contre des sujets anglais. Si je rappelle ici un ou deux faits, ce n'est point dans un but de récrimination vaine, mais bien pour convaincre le peuple australien que son devoir tout tracé est de mettre fin à cette longue querelle et de laisser d'un cœur magnanime telle nation prendre possession de ces îles qui voudra y garantir la personne et les biens des colons.

« Si les Australiens sont assez insensés pour se laisser persuader qu'ils doivent soutenir toutes les sottises que leur proposera un homme d'État ignorant anglais, pour se faire les instruments de tout administrateur assez adroit pour leur faire adopter d'abord une politique malhonnête et les convaincre ensuite qu'ils n'ont rien de mieux à faire que d'y persévérer, le remède et le résultat ne pourront être que celui-ci : à savoir que le monde entier, dont ils se seront fait un ennemi, se liguera contre eux pour y mettre un terme.

« L'Angleterre a dans son histoire antérieure de sombres pages, des cruautés et des folies nombreuses qui font tache dans ses souvenirs; mais dans toutes les annales, depuis qu'elle est en relation avec les nations étrangères, depuis qu'elle a commencé d'avoir une politique étrangère, un honneur national à soutenir, jamais elle n'a eu à supporter de telles insultes, jamais elle n'a été l'objet de tant de reproches et d'outrages que sa politique polynésienne lui en vaut aujourd'hui....

« Il y a quelques années, l'Angleterre était à la tête de la civilisation et son renom était grand en tout ce qui fait la véritable gloire d'un peuple. Mais aujourd'hui ne la voyons-nous pas foulée aux pieds, traînée dans tout ce qui peut dégoûter un homme de principes, faire rougir ceux qui doivent porter, quoi qu'ils en aient, le nom d'Anglais. Les tombeaux de centaines d'Anglais massacrés dans les îles en sont témoins, victimes que ces malheureux ont été non pas tant du cannibalisme des sauvages habitants de ces îles que de la fausse politique de leur propre gouvernement. Autrefois l'Angleterre se vantait que les voiles de ses navires se montraient sur toutes les plages du monde, messagères de la paix et du commerce; ses enfants qui ouvraient-de nouveaux débouchés pour les produits de ses manufactures étaient regardés comme des génies bienfaisants et leurs vies étaient gardées par *les remparts de bois* de leur patrie.

« Qui pourrait en dire autant de ceux qui se sont faits ses pionniers dans le Pacifique ? Devons-nous être traités autrement que ceux qui ont ouvert les Indes et l'Extrême-Orient ?

« Et cependant je sais que l'accusation que je lance ici est grave, et j'ai conscience de la responsabilité que j'encours, alors que je dis hautement : le gouvernement anglais est responsable de plus de la moitié des meurtres commis aux Nouvelles-Hébrides. Si un colon réclame la protection d'un commandant de navire de guerre anglais, on le remet vite à sa place et on lui dit qu'il s'est établi dans ce pays à ses risques et périls, qu'il n'a pas le droit d'y rester et ferait mieux de partir.

« Je pourrais tracer ici une longue liste de sujets anglais massacrés et du meurtre desquels le gouvernement anglais ne s'est pas ému, dont il n'a pas demandé réparation. Je pourrais remplir les colonnes du *Standard* de cas de ce genre où nulle enquête n'a été faite : le capitaine Fulter et son second à Lacroona, Joseph Booth à Port-Stanley, Brockey Peter (Peter Cullen) et son second, deux femmes de Samoa, deux indigènes employés sur la station de Cullen et Santo, et tant d'autres dont la liste serait interminable, massacrés sans que le gouvernement s'en soit préoccupé.

« Je passe à Cooper et à Steadman, assassinés à

Api : leur cas a été examiné par le *Dart,* mais rien n'a été fait ; et de là aux efforts pour rire en vue du châtiment des assassins du capitaine Belbin à Ambrym, de A. Walker à Pentecôte.

« Nombre d'Anglais ont été massacrés, non seulement sans que les indigènes aient été punis ; mais encore sans que les commandants des navires de guerre anglais leur aient fait une remontrance sérieuse. J'ai autant d'horreur que personne du sang versé ; je suis opposé à la manie guerrière dans toutes ses manifestations publiques, d'une façon aussi décidée, j'en suis sûr, que le plus déterminé des négrophiles ; mais trahir un dépôt sacré, me semble plus criminel encore que la guerre.

« Nos vies, comme sujets anglais, tant que l'intervention anglaise est permise, sont sous la garde et la protection du gouvernement anglais ; par conséquent, alors que la nation anglaise recule devant une juste responsabilité, précisément à l'heure où il est nécessaire de l'affronter, elle assume une position profondément humiliante.

« Le commodore Wilson évaluait à *tant de cochons* la vie d'un sujet anglais aux Nouvelles-Hébrides. Dans tous les cas de meurtre qu'il examinait, il finissait par mettre les indigènes à l'amende d'un certain nombre de porcs. Ce mode de répression avait été adopté à bord de tous les navires de guerre

sur la proposition du Haut-Commissaire du Pacifique. »

A qui donc doivent revenir les Nouvelles-Hébrides ? C'est encore l'auteur anglais qui va nous
l'apprendre.

« Une opinion absurde et sans fondement a prévalu un instant en Australie dans une certaine
classe : la France aurait vu diminuer son influence
dans l'archipel à la suite de l'évacuation de ses troupes. Mais au contraire, le retrait des postes militaires
lui a donné un ascendant d'un caractère plus dura-
ble et plus stable que les Anglais ne pourront pas
atteindre et qui est dû au nombre croissant des sujets français et à l'augmentation du capital français
engagé dans chaque île du groupe.

« Si nous en exceptons le capitaine Mac-Leod,
dont nous reparlerons plus tard et deux ou trois représentants de maisons de Sydney, *tous les commer-
çants de l'archipel, s'ils ne sont pas Français, opèrent avec
des capitaux français* ; leurs rapports avec la Compagnie française sont constants et les navires de guerre
de cette nation sont à un tel point la sauvegarde de
leur existence et de leurs biens qu'ils se considèrent
comme Français de fait et qu'ils se contentent de
sourire lorsqu'on réédite devant eux l'assertion si
souvent répétée de la prépondérance des Anglais
aux Nouvelles-Hébrides, prépondérance qui ne se

manifeste que par les prodigalités faites aux missionnaires.

« En réalité les faits se passent de la façon suivante : un étranger à peine débarqué depuis quelques jours sur un point quelconque des Nouvelles-Hébrides, reçoit la visite du capitaine Champion, directeur de la Compagnie française, qui lui exhibe les titres de propriété du sol. L'étranger, s'il consent à reconnaître le propriétaire de la terre qu'il occupe, est autorisé à y demeurer ; une nouvelle station française se trouve fondée par ce fait ; on lui fournit les moyens de trafiquer et il devient *coprah-maker* pour le compte de son patron, qui n'est autre que la Compagnie française. Les deux parties y trouvent leur avantage et chacun est satisfait. Et l'on demandera encore quelles sont les prétentions des Français sur les Nouvelles-Hébrides ?...

« Il n'y a pas deux opinions sur ce point : si l'Australie entretenait des relations commerciales avec ces îles, comme le fait la Compagnie française, l'Australie, ou plus généralement parlant, la Grande-Bretagne aurait bientôt vu le fond et triomphé du fantôme de l'annexion française. Jusqu'à présent l'Australie n'a ni commerce ni intérêt dans ces îles, et par conséquent la présomption australienne et ses rodomontades sur le sujet de la prise de possession de ces îles par la France sont le fait d'un égoisme qui rappelle la fable d'un chien couché dans la crèche des bœufs et qui ne veut ni manger leur provende ni les en laisser jouir.

« Il n'est pas permis de parler d'agression à propos de la France. Elle crie à l'Angleterre : Bas les mains, nos intérêts sont là ! et elle n'est pas seule de cet avis. Le *Glascow Daily Mail* disait il y a trois ans : *Les Français ont des droits sur les Nouvelles-Hébrides bien plus évidents que ceux des Allemands sur le nord de la Nouvelle-Guinée. Nos propres titres ne leur sont point supérieurs et il importerait de se demander si la proposition de la France de prendre possession de ces îles ne devrait pas être acceptée avec empressement.* Si le plus près voisinage d'une colonie en plein fonctionnement est un motif d'un poids indéniable, ce motif pèse surtout dans le plateau de la France.

« Quoi qu'il en soit, tout ce que je veux prouver ici, c'est que la nation qui s'implantera dans les Nouvelles-Hébrides, devra arriver d'abord à une entente complète avec les colons, puis, par sa sagesse supérieure, se placer à la tête de toutes les autres, développer les ressources du pays, guider et élever sa population, donner au commerce toute la liberté dont il a besoin, et combiner le tout avec une politique judicieuse vis-à-vis des indigènes.

« La nation qui en agira ainsi, soit l'Angleterre, soit la France, et qui s'annexera nos îles, aura tous les avantages de la domination et de l'agrandissement territorial sans courir les risques effrayants et les terribles responsabilités d'une conquête à main armée. »

De là un mouvement gallophile, bien inattendu à coup sûr et dont nous n'avons encore pas su profiter, mais dont les phases sont infiniment curieuses à suivre.

Voyant que l'Angleterre, par l'envoi d'un consul spécial, se prépare à imposer sa souveraineté aux îles qu'elle a empêché la France d'occuper, en lui opposant un de ces scrupules de loyauté internationale, auxquels nos hommes d'État sont toujours naïvement sensibles, les colons se réunissent, rédigent une pétition et la présentent le 10 août 1889 au gouverneur de la Calédonie. En voici le texte, traduit aussi exactement que possible, d'après l'*Evening Standard* de Melbourne (numéro du 29 août).

Pétition des propriétaires, trafiquants, planteurs et colons des Nouvelles-Hébrides, à Son Excellence M. le Gouverneur représentant le gouvernement de la République française dans la colonie de la Nouvelle-Calédonie et dépendances.

Ils exposent humblement :

1o Que les pétitionnaires sont sujets d'autres nations que la France, comme cela est prouvé par leurs signatures apposées ci-après ;

2° Qu'ils sont propriétaires de terrains dans les Nouvelles-Hébrides, comme il appert desdites signatures ;

3° Que plusieurs d'entre eux sont trafiquants et planteurs établis d'une façon permanente aux Nouvelles-Hébrides, où ils ont installé des factoreries et résident depuis des temps variés, comme il résulte des mêmes signatures ;

4° Qu'ils sont désireux de voir une puissante nation européenne s'établir aux Nouvelles-Hébrides ;

5° Qu'ils sont pleins de confiance dans les institutions de la France, dans la grandeur de ce pays et de ses gouvernants, dans son prestige maritime et que sous le drapeau de la France le salut et la justice leur sont pleinement assurés ;

6° Qu'ils désirent que l'autorité de la République française s'impose aux Nouvelles-Hébrides le plus tôt possible ;

7° Que les raisons pour lesquelles les pétitionnaires invoquent l'aide de la République française sont les suivantes :

a) Les Nouvelles-Hébrides sont situées à 150 milles de la possession française la plus proche (Nouvelle-Calédonie), tandis qu'elles sont éloignées de 450 milles des Fidji, la plus voisine des colonies anglaises, et de 1200 milles de la côte d'Australie ;

b) Le trafic actuel de l'archipel, ou tout au moins la plus grande part, passe par les marchands français de Nouméa et la Compagnie française des Nouvelles-Hébrides, et ce trafic déjà considérable va grandissant chaque jour et promet d'acquérir une extension des plus importantes ;

c) Les échanges entre les colons européens ont lieu au moyen de la monnaie française, et tous les mémoires sont rédigés d'après la comptabilité française ;

d) Le seul service régulier de bateaux pour la poste, les passagers et les cargaisons, entre ces îles, est fait par des bâtiments français sous l'empire d'une convention conclue avec le gouvernement français ;

e) La totalité du trafic inter-insulaire s'opère, sauf une exception, par des bateaux naviguant sous le pavillon français ;

f) Cette mesure est nécessaire pour assurer la protection de leur vie et de leurs propriétés ;

g) Pour établir des contrats civils entre les colons ;

h) Pour donner des titres légaux aux acquisitions de terrains faites sur les indigènes ;

i) Pour mettre à l'abri de toute atteinte les transferts de propriétés foncières entre colons européens et autres, ainsi que les gages sur récoltes ;

j) Pour protéger les droits et les intérêts des institutions financières et des marchands domiciliés hors des Nouvelles-Hébrides, qui peuvent faire des avances aux colons sur leurs terres ou sur leurs récoltes afin de faciliter par là l'introduction des capitaux dans la colonie ;

k) Pour donner confiance à tous ceux qui, domiciliés hors des Nouvelles-Hébrides, ont des relations commerciales avec les colons ;

l) Pour exercer un contrôle propre et une surveillance sur l'émigration des indigènes dans les contrées situées au delà des Nouvelles-Hébrides, afin de prévenir par là l'effrayante dépopulation de l'archipel et la disparition du travail.

8° Que les pétitionnaires ont la profonde conviction que l'établissement du gouvernement de la République française, grâce auquel les droits et intérêts de toutes les races seront sauvegardés, attirera les capitaux étrangers et qui seront appliqués au développement des immenses ressources agricoles et minérales du groupe et ouvriront la contrée aux entreprises et à la colonisation ;

9° Que leurs intérêts sont en ce moment languissants par suite du manque des capitaux nécessaires et d'un gouvernement propre dane les îles ;

10° Qu'ils sont alarmés de voir l'influence des missionnaires anglais devenir prépondérante sur les indigènes au désavantage et détriment des colons qui cherchent des travailleurs pour les colons et plantations ;

11° Que les pétitionnaires ont raison de craindre que, lorsque les récentes découvertes d'échantillons d'or par les *prospecteurs* de Mallicolo et Santo seront connues du public, une foule de chercheurs ne vienne s'abattre de toutes les colonies australiennes sur ces pays. La présence d'aventuriers de cette sorte, dénués de toute *garantie,* qui débarqueraient en grand nombre sur une terre où n'existe aucune législation minière, rapprochée de ce fait que les principaux gisements aurifères sont déjà acquis par des colons européens, est redoutée à bon droit comme un danger sérieux et de nature à amener les plus graves complications entre les indigènes et les colons ;

12° Que les pétitionnaires osent vous faire observer que, si quelque puissance européenne autre que la France venait à méditer l'acquisition des Nouvelles-Hébrides, ce projet rencontrerait une vigoureuse opposition de la part de ceux d'entre eux qui sont sujets anglais, et qui n'hésitent pas à affirmer ouvertement qu'ils sont loin d'être satisfaits des obstacles que le gouvernement anglais a élevés aux Nouvelles-Hébrides sous la rubrique de « Western Pacific Order in Conncil », contre le placement et l'emploi des capitaux destinés à développer les ressources du pays, ainsi que des règlements et pénalités aussi injustes qu'accablantes qui leur sont imposés dans les affaires et leurs relations avec les indigènes, et des châtiments afflictifs dont est punie la moindre faute qu'ils peuvent commettre, tandis qu'ils doivent, comme sujets anglais, renoncer à obtenir aucune réparation des offenses qu'ils peuvent recevoir de la part des natifs ;

13° Que les intérêts des pétitionnaires sont gravement menacés par la perspective du reflux de l'émigration de tous les travailleurs noirs vers les plantations de Queensland, pour la prochaine année 1890, puisque le Bill du « Polynesian Gabon » est mis en avant pour le renouvellement de la législature de cette colonie ;

14° Qu'ils vous prient de considérer comme établi que les assurances échangées avec le gouvernement anglais au sujet de l'intention de n'imposer aucune souveraineté sur les Nouvelles-Hébrides, ne peuvent en aucune façon concerner les droits généraux que la France, depuis l'annexion de la Nouvelle-Calédonie et de ses dépendances, a acquis sur le groupe, droits que les pétitionnaires reconnaissent et qu'ils supplient le gouvernement de la République française de vouloir bien continuer à affirmer, dans les circonstances présentes et pour les raisons ci-dessus indiquées ;

15° Que les pétitionnaires ont reconnu pratiquement les droits de la France sur les Nouvelles-Hébrides, en faisant enregistrer leurs titres et actes d'acquisitions de terrains dans le groupe des Hébrides, au bureau (*Land-office*) de Nouméa (Nouvelle-Calédonie) ;

16° Que les pétitionnaires prient humblement le gouvernement de la République française de vouloir bien annexer promptement les Nouvelles-Hébrides comme une dépendance de la Nouvelle-Calédonie, de déclarer qu'elles font partie du territoire français, sans retarder plus longtemps une amélioration nécessaire pour la condition des colons ;

17° Qu'ils prient Votre Excellence d'accepter cette pétition comme l'expression ardente et spontanée des sentiments d'une population loyale et fidèle à ses origines, mais gravement éprouvée, qui demande aide et protection et cherche les bienfaits de l'ordre et de la paix sous le drapeau d'une puissante nation dont les forces se sont toujours employées en faveur du commerce, de la civilisation et de l'humanité. Ils espèrent qu'on aura égard à leurs prières en prenant formellement possession du groupe au nom du gouvernement de la République française.

Signé par 42 sujets de la Grande-Bretagne et 14 colons d'autres nations que la France, résidant aux Nouvelles-Hébrides depuis une durée de 15 à 3 ans, et représentant une somme de propriétés de 1,650,000 acres.

Le gouverneur de la Nouvelle-Calédonie à qui la députation se présentait, a répondu qu'il n'était pas douteux que la pétition n'exprimât les sentiments sincères des sujets anglais et des autres étrangers résidant aux Hébrides. Il n'a pu que promettre d'expédier cet acte par le prochain courrier et de le recommander à la plus sérieuse attention du Gouvernement.

Il a indiqué que la France considérait comme une infraction aux conventions l'envoi de M. Romilly, accrédité comme résident anglais aux Nouvelles-Hébrides. Il a déjà protesté contre cet établissement, mais comme il attend des instructions de France, il ne peut en dire plus long.

Évidemment les relations avec le gouvernement anglais vont devenir, à cause de la présence de M. Romilly, de plus en plus tendues. Il y a lieu d'espérer que le gouvernement français voudra maintenir fermement sa position dans le Pacifique, sans outrepasser d'ailleurs aucun de ses droits.

Qu'est-il advenu de cette pétition et des négociations auxquelles elle a donné lieu? C'est le secret des dieux.

Mais ce que nous savons, c'est que le mouvement ne s'est pas arrêté : voyant qu'ils ne recevaient aucune réponse positive du gouvernement français, les colons ont résolu de se proclamer autonomes, pour échapper au moins à l'autorité détestée de l'Angleterre. Afin de ne laisser ignorer à personne leurs préférences, ils intitulent *Franceville* la com-

mune qu'ils forment, et s'occupent immédiatement
de la faire reconnaître. Voici ce que nous lisons dans
l'*Evening Standard* du 2 septembre :

« Les lettres suivantes, reçues par S. Exc. le Gouverneur de Victoria (sir William Robinson), renferment d'importantes nouvelles rendues publiques
depuis quelques jours. M. Rendle, qui représente la
commune de Franceville et les planteurs qui ont
signé la pétition pour obtenir l'annexion par la
France de toutes les îles du groupe, a eu une
longue entrevue avec sir William Robinson et
M. Deakin, chef du secrétariat, au cours de laquelle
il a formellement présenté ses lettres de créance.
L'entretien était d'une nature strictement confiden-
tielle, mais nous pressentons que l'appréhension
du gouvernement anglais a été éveillée et que rien
ne sera fait jusqu'à ce que Son Excellence eût reçu
notification officielle de l'affaire par les voies ordinaires :

> 293, Hittle-Collins-Street.
> Melbourne, 30 août 1889.

Excellence,

J'ai eu l'honneur de vous annoncer verbalement mercredi
dernier que les Européens résidant à Franceville, île d'Efate
(groupe des Nouvelles-Hébrides), avaient proclamé l'établissement d'un gouvernement municipal en ce lieu et étaient

désireux, d'accord avec la proclamation faite, d'en venir à une entente avec les deux nations qui exercent le contrôle sur le groupe, au sujet de la reconnaissance et de l'encouragement de l'important mouvement qui vient de se produire.

Au cours de la conversation je vous ai représenté certains autres faits concernant l'appel des trafiquants anglais et propriétaires des Nouvelles-Hébrides au gouverneur de la Nouvelle-Calédonie, en vue de l'annexion de ce groupe par la France.

Plus tard, en l'absence de l'honorable Premier (M. Gillies) qui était occupé au palais, j'ai eu une entrevue avec l'honorable chef du secrétariat (M. Deakin), et j'ai le plaisir de pouvoir dire que cet échange d'opinions et d'explications aura du moins l'avantage matériel de provoquer ultérieurement une intelligence plus claire des deux questions.

J'ai maintenant à vous transmettre copie des documents suivants :

Pièce ci-incluse n° 1. Copie d'une lettre circulaire adressée aux présidents de la commission navale alliée (capit. Kane, of S. M. S. *Calliope,* et capit. Begant, de la frégate *Saône* de la marine française), et aussi à sir J. B. Thurston, aux Fidji, comme Haut-Commissaire pour l'Ouest-Pacifique, et au Gouverneur de la Nouvelle-Calédonie.

Pièces n°s 2 et 3. Copie de la correspondance engagée entre la commune de Franceville et moi, concernant l'acte par lequel je suis accrédité comme agent général en Australie ; l'original de la pièce n° 2 portant le sceau de la commune vous a été soumis pour la reconnaissance de l'identité lors de notre entrevue.

Je vous prie de me permettre de protester contre les assertions publiées dans l'*Argus* de lundi et mardi 26 et 27 courant, où il est dit que les autorités françaises de Nouméa ont organisé elles-mêmes ce mouvement, et contre les insidieux renseignements qui me représentent comme étant le porte-parole de Nouméa et sont contenus dans les paragraphes dont je vous ai donné connaissance dans ma visite.

La seule reconnaissance, le seul encouragement que nous ayons reçu jusqu'ici est la réponse du conseil municipal de Nouméa, à un appel à lui fait pour aider à la création d'une assemblée municipale à Franceville; mais la contribution de mille francs que ce corps a généreusement souscrite était dénuée de toute signification politique.

Quant aux attaques contre moi, une dénégation sera suffisante. Toute ma conduite s'est passée au grand jour. Je suis un sujet anglais agissant pour les intérêts anglais et aucun des actes et titres n'a été rédigé à l'insu des autorités anglaises des îles, avec lesquelles mes relations ont toujours été absolument cordiales.

J'ai seulement à demander que, quelles que soient les résolutions prises par le gouvernement de Sa Majesté, dans sa sagesse, pour protéger les intérêts australiens, il veuille bien reconnaître qu'il est juste et prudent d'attendre des informations authentiques par les sources officielles.

Je dois vous informer que, dans la crainte d'une agitation probable en Australie (car les conséquences de nos actes ont été hâtivement exposées dans la presse à sensation sans informations officielles ni contrôle des rapports), j'ai eu une longue entrevue, le 19 courant, avec M. Romilly, consul anglais pour les Nouvelles-Hébrides, résidant à Nouméa, et lui ai fait part des lettres qui m'accréditent et des autres points relatifs à la commune de Franceville, ainsi que de la pétition pour l'annexion du groupe par la France. Puis, devant lui, et dans la pensée d'éviter l'excitation que cette nouvelle pourrait causer en Australie, j'ai reconnu la nécessité de communiquer directement l'affaire à un représentant de Sa Majesté en Australie.

Il ne s'est pas rallié à cette proposition émanée de moi-même, m'a déclaré qu'il ne voyait aucune cause d'alarme qui nous obligeât à renoncer à la marche régulière des communications avec le Foreign Office de Londres. . . . .

M. Rendle est convaincu aujourd'hui qu'il n'avait que trop raison de craindre. Il rappelle pourtant qu'il est allé, en novembre dernier, au gouvernement faire observer que si l'Australie désire défendre les intérêts anglais dans le Pacifique, elle doit modifier au plus tôt les dures ordonnances du « Western Pacific order in Council » qui s'imposent à tout sujet anglais dans ces parages.

Si le gouvernement anglais ne nous vient pas en aide, disait-il, nous serons forcés de passer sous le drapeau français ou allemand, et de nous libérer sommairement.

M. Dalhia nous soutint vivement au conseil fédéral et adressa un rapport à la couronne sur les affaires du Pacifique... Mais voilà six mois qu'il n'en a de nouvelles et rien n'a été fait.

Nous ne sentons pas le besoin de devenir Français, mais d'être placés sur le pied d'égalité avec les Français (qui sont maintenant dix contre un dans l'archipel) dans nos relations avec les indigènes et de jouir du même système pour les engagements des travailleurs et des plantations.

... Je suis un des plus grands propriétaires fonciers du groupe. Je viens après la Société des Nouvelles-Hébrides et j'agis comme représentant des autres. . . . . .

J. J. RENDLE,

Représentant de la commune de Franceville
et des pétitionnaires.

Voici le texte même de l'acte de création de la commune de Franceville (*pièce n° 1*):

9 août 1889.

Monsieur,

Nous soussignés, membres de la municipalité récemment créée à Franceville, S.-W. Bay, île d'Efate (Sandwich), Nouvelles-Hébrides, considérons comme un devoir de vous informer de l'organisation civile et judiciaire que le progrès de la colonisation européenne dans cette partie des Nouvelles-Hébrides a rendüe nécessaire.

Les soussignés ont l'honneur de solliciter la bienveillante attention des deux nations qui protègent l'archipel des Nouvelles-Hébrides. Ils espèrent que la modération, la justice, l'honnêteté de leur vie publique leur assurera l'approbation de la grande nation que vous représentez.

J. RODEN; M. KLEHM; F. FROUIN; CH. P. STUART, conseillers; F. CHEVILLARD, maire de Franceville; M. DÉGUIN; comte MAURICE DE NOLHAC, députés.

(Envoyé aux capitaines de *H. M. S. Calliope* et de la frégate française *Saône*, à sir J. B. Thurston aux Fidji, et au gouverneur de la Nouvelle-Calédonie.)

Pièce n° 2. Acte qui a accrédité M. Rendle comme représentant.

Pièce n° 3. Lettre d'acceptation de M. Rendle.

Pièce n° 4. Lettre du « Premier » de Melbourne félicitant M. Rendle et affirmant que les signataires de la pétition sont connus pour des « gentlemen capables et intègres ».

La description du drapeau de Franceville est jointe à la dépêche adressée à Son Excellence : il est mi-partie blanc et rouge, en disposition verticale, comme le drapeau H du Code de commerce, avec un carré bleu au centre, débordant sur le blanc et le rouge et cinq étoiles dans le bleu.

CONCLUSION

Voilà la situation actuelle des Nouvelles-Hébrides : elle est évidemment provisoire. Ses colons n'ont voulu que forcer la main à la France, et il faut espérer que le souci de sa puissance et de sa dignité amènera celle-ci à exaucer leurs vœux.

Sans doute les expéditions lointaines ne sont pas fort en honneur dans notre pays et l'on saurait peu de gré au Gouvernement qui jetterait notre pays dans des complications diplomatiques, sinon dans des dépenses et des armements nouveaux : mais le droit de la France est ici trop évident, et la sympathie des colons trop marquée, pour que l'Angleterre, qui s'est annexé les Fidji et tant d'autres terres océaniennes, se risque à accentuer sérieusement ses réclamations. Ensuite, il n'est nullement besoin d'un déploiement de forces ni d'une conquête à main armée ; la présence d'un résident et d'un détachement d'infanterie de marine suffira et n'entraînera que des frais insignifiants.

C'est le devoir du gouvernement français de soutenir ainsi l'action industrielle et civilisatrice de la Société des Nouvelles-Hébrides qui possède la plus grande partie du sol de ces îles et qui est seule à maintenir notre drapeau dans la région occidentale de l'Océanie.

L'homme de tête et de cœur qui la dirige et dont le nom est lié à l'histoire de la Nouvelle-Calédonie, M. John Higginson, devenu Français de nationalité comme il l'était déjà par les sentiments, mérite à coup sûr de réussir dans sa courageuse entreprise.

Si les tentatives de colonisation n'ont pas été jusqu'ici très heureuses (il ne s'en est produit qu'une, à Port-Villa en 1886, et elle n'a échoué qu'en raison de la saison exceptionnellement pluvieuse et malsaine), il n'y a point lieu de se décourager : ce n'est pas en un an qu'on rend apte à la culture et à l'habitation une terre vierge couverte de la plus luxuriante végétation qui existe au monde. Le travail viendra à bout de toutes les difficultés, et nous souhaitons ardemment que la France recueille les bénéfices d'une colonisation dont elle a eu l'initiative et le mérite.

Malheureusement il est à craindre que l'Angleterre, poussée par l'Australie, n'ait encore ici le dernier mot, si la France ne sait pas profiter de la première occasion qui s'offrira à elle pour tenter un décisif effort.

TABLE DES MATIÈRES

———

CHAPITRE X

AVENIR DES NOUVELLES-HÉBRIDES

CHAPITRE XI

Nancy, imprimerie Berger-Levrault et Cⁱᵉ.

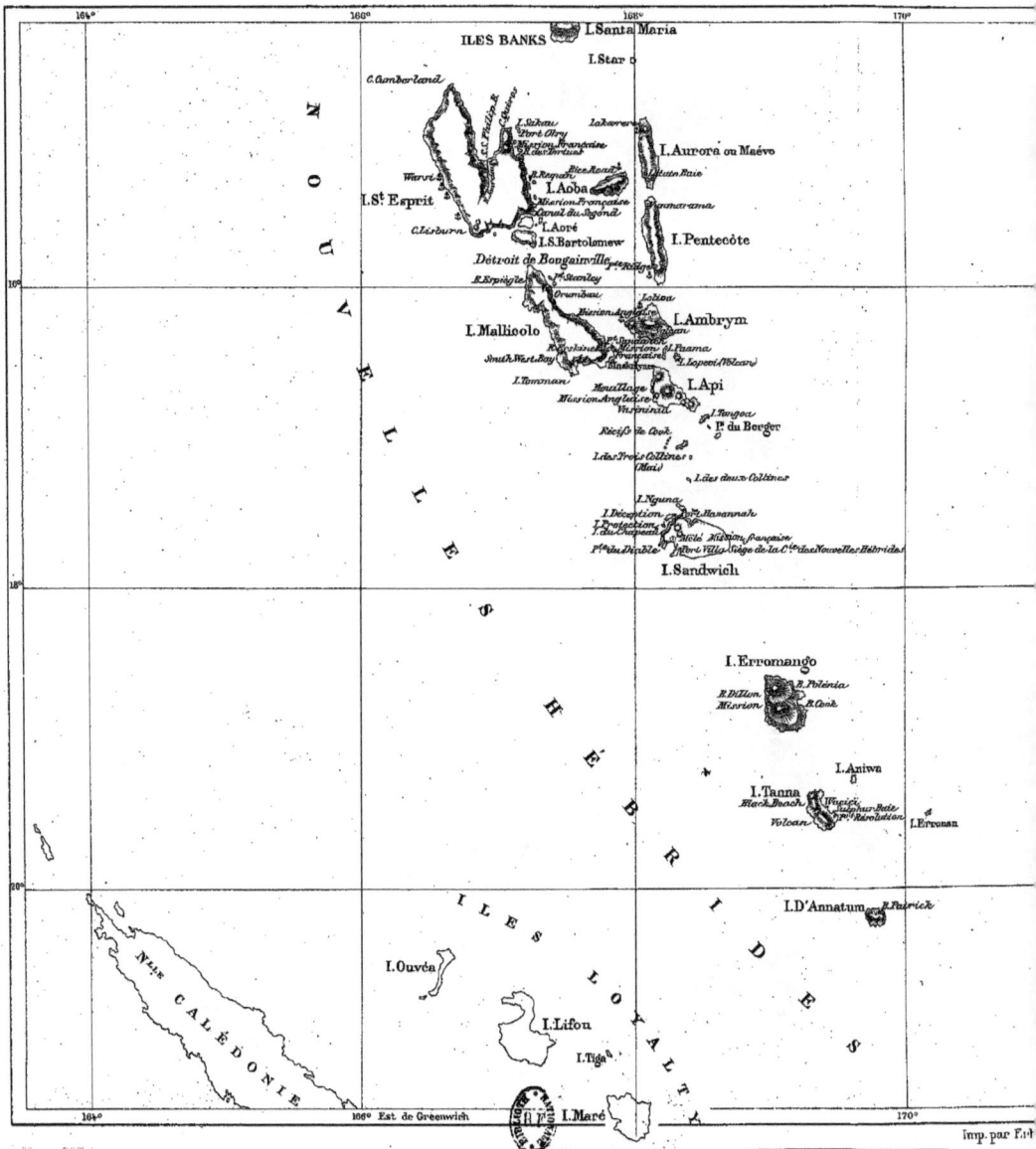

ILES BANKS · I.Santa Maria

I.Star

C.Cumberland

I.Saham
Port Olry
Mission Française
Can de Portland

I.Aurora ou Maévo

Lakarere

Nitun Baie

Warui

B.Requin

Rice Road

I.Aoba
Mission Française
Canal du Segond

Tramarama

I.St Esprit

C.Lisburn

I.Aoré

I.S.Bartolomew

I.Pentecôte

Détroit de Bougainville

B.Erpiegle

B.Stanley

Orombau

Lolisa

Mission Anglaise

I.Mallicolo

Sakinen
Mission
Dinabarra

I.Paama

I.Ambrym

I.Lopevi (Volcan)

Smith West Bay

I.Tomman

MontAllage
Mission Anglaise
Vari nivili

I.Api

I.Rougoa
I.e du Berger

Récife de Cook

I.des Trois Collines
(Mai)

I.des deux Collines

I.Nguna

I.Déception
I.Protection
I.des Serpents

I.Havannah

I.e du Diable

Ilôt Mission française
Port Vilis Siège de la C.ie des Nouvelles Hébrides

I.Sandwich

I.Erromango

B.Poténia

B.Dillon
Mission

B.Cook

I.Aniwa

I.Tanna
Black Beach

Waricà
Sulphur Baie
P.t Résolution

I.Erronan

Volcan

I.D'Annatum

B.Patrick

I.Ouvéa

I.Lifou

I.Tiga

I.Maré

Est de Greenwich

N.lle CALÉDONIE

ILES LOYALTY

NOUVELLES HÉBRIDES

imp. par Er.t

NANCY, IMPRIMERIE BERGER-LEVRAULT ET Cⁱᵉ